프로테스탄트
윤리와
자본주의
정신,

프로테스탄트 윤리와 자본주의 정신,

노동의 이유를 묻다

노명우 풀어씀

사□계절

언젠가 나는 출근 인파로 가득 찬 만원 버스 속에서 1시간 이상을 선 채로 갇혀 있어야 했다. 음악을 듣거나 책을 읽기도 어려운 상황이었다. 나는 버스에 탑승한 사람들의 얼굴을 읽었다. 사람들의 표정은 한결같았다. 모두 노동의 고통을 호소하는 표정을 짓고 있었다. 밝은 표정의 사람은 아무도 없었다. 나는 그 사람들의 얼굴을 보면서 노동에 대해서 다시 생각했다.

부지런한 개미는 무조건 올바르고, 게으른 베짱이는 항상 나쁜 것인가? 우리는 왜 일의 고통에서 벗어나지 못할까? 왜 우리는 노동을 사랑해야 한다고 생각하게 되었을까? 우리가 현재 노동에 대해 갖고 있는 생각은 과연 언제부터 시작된 것일까? 옛날 사람들도 우리들처럼 일과 직업 세계에 커다란 의미를 부여했을까? 흔들리는 버스 속에서 일에 지친 사람들의 표정을 읽으면서 나는 이런 질문을 던졌다. 이 책은 어느 날 내가 버스에서 던진 질문들에 대답하는 과정에서 탄생했다. 그리고 그 과정에서 프로테스탄트 노동윤리의 형성을 파헤친 베버의 저작이 길을 안내해 주었다.

이 책을 쓰는 동안 나는 20대를 보냈던 1980년대와 마주쳤다. 이념의 시대인 1980년대에 나는 마르크스 편에 서 있었고, 마르크스 편에서 막스 베버에게 돌을 던졌다. 나에게 막스 베버는 자본주의를 옹호하는 부르주아 사상가에 불과했다. 그 시절 나는 막스 베버의 문제의식을 잘 몰랐고 그를 오해했기 때문이라고 변명할 수밖에 없는 많은 말들을 뱉어 냈다. 마흔이 되어 이 책을 쓰며 나는 80년대에 내가 뱉어 냈던 말들과 화해했고, 막스 베버에 대해 품고 있던 오해를 풀어 나가는 색다른 즐거움을 맛보았다.

이 책은 크게 프롤로그, 에필로그와 더불어 3부로 구성되어 있으며, 베버에 대해 전혀 모르는 사람들도 충분히 읽을 수 있도록 고려했다. 고등학생부터 일반 독자까지 두루두루 베버의 저작과 친숙해질 수 있도록 구성하려고 애썼다. 각 장은 주제에 따라 작은 단락으로 나누었고, 작은 단락에는 소제목을 달았다. 독자들은 소제목을 보면서 작은 단락의 내용을 짐작할 수 있을 것이다. 또 독서의 흐름을 방해하지 않는 범위 내에서 좀 더 전문적인 내용은 '자세히 들여다보기'를 통해 별도로 처리했다. 독자들은 '자세히 들여다보기'를 각자의 독서 호흡에 따라 읽을 수도 건너뛸 수도 있다.

프롤로그에서는 막스 베버의 문제의식을 다루고, I부에서는 막스 베버의 저작을 이해하는 데 도움이 되는 배경 지식을 담았다. 『프로테스탄트 윤리와 자본주의 정신』이 탄생하게 된 배경과 이 저작에서 사용된 방법론은 I부에서 다룬다. II부에서는 『프로테스탄트 윤리와 자본주의 정신』에 대한 분석과 해석을 다룬다. III부의 주제는 막스 베버 저작의 역사성과 현재성이다. III부에서는 막스 베버의 문제의식을 계승하면서도 베버가 살던 시기에는 등장하지 않았던 현대 현상을 분석한다. II부가 막스 베버 저서에 대한 해설서 성격이 강하다면, III부는 새롭게 시도된 막스 베버식의 현대 문화 분석이다. 베버는 『프로테스탄트 윤리와 자본주의 정신』에서 자본주의 정신을 대표하는 이념형적인 인물을 제시한다. 벤저민 프랭클린과 리처드 백스터라는 인물이다. 이들은 베버가 설명하려 했던 자본주의 정신이 낳은 문화적 특징을 농축적으로 보여 준다. III부에서는 베버가 시도한 이념형적 서술을 본받아 현재 우리가 사는 자본주의 사회에서 발견할 수 있는 인간의 여러 유형에 대한 이념형적 분석을 시도한다. 소비하기 위해 일을 하는 레베카, 돈을 버는 것 자체가 목적인 슈미트, 두려움을 극복하기 위해 스스로 노동 중독에 빠지는 프랭클린 플래너 사용자, 노동의 강제를 거부하고 일확천금을 노리는 도박꾼 등이 현대 자본주의 사회에서 찾아볼 수 있는 이념형적 인물이다.

막스 베버의 텍스트를 해석하고 동시에 베버의 방법론을 현대 사회에 적용하는 연구 방법에 따라 나누어진 I부, II부, III부는 서로 연결되어 있으면서도 각각 독립된 목적을 지니고 있어 독자들은 자신이 원하는 바에 따라 다양한 방법으로 이 책을 읽을 수 있다. 프롤로그를 읽고 난 뒤 막스 베버의 테제가 궁금한 독자들은 I부를 생략하고 II부로 건너뛰어도 된다. 만약 막스 베버의 테제뿐만 아니라 막스 베버의 문제의식을 오늘날 상황에 적용하는 것에 관심이 있는 독자라면 III부를 흥미롭게 읽을 수 있을 것이다. 현대적 해석에 관심이 깊은 독자는 프롤로그 다음에 III부를 먼저 읽고 그 다음으로 I부와 II부를 읽는 방법을 선택할 수도 있다.

언제나처럼 이 책을 준비하는 동안 많은 사람들의 도움을 받았다. 여러 사람들이 원고 정리를 도왔다. 이들에게 감사드린다. 그리고 초고를 꼼꼼히 읽고 이 책이 독자들에게 더 친절하고 편안하게 다가갈 수 있는 여러 가지 방법을 조언해 준 출판평론가 이권우 씨와 사계절 출판사의 편집자 서상일 씨에게도 감사의 말을 전한다.

2008년 3월 9일

노명우

〈인부들〉
페르낭 레제, 1950년

열심히 일하는 모습은 얼마나 아름다운가! 그림 속 노동자들의 굵고 힘찬
팔뚝과 강한 철근이 인상적이고 조화롭게 그려져 있다. 그림에서
일하는 사람들은 모두 밝은 표정을 짓고 건강한 삶을 행복해하고 있다.
우리가 이렇게 노동을 찬양하게 된 문화적 배경은 무엇일까?

〈귀가하는 노동자들〉
에드바르트 뭉크, 1915년

고된 노동을 마친 노동자들이 공장에서 몰려나온다. 지친 발걸음을 옮기는
이들의 표정은 하나같이 어둡다. 뭉크는 이들에게서 근대 문명의 불안을
포착했다. 거칠고 신경질적인 선과 어두운 색채는 자본주의 체제에서
노동이 우리에게 어떤 의미인지 묻고 있다.

차 례

일러두기

1. 박성수가 옮기고 문예출판사에서 출간된 한국어판 번역본과 독일어판을 동시에 참조하였다. 독일어판은 J. C. M. Mohr 출판사에서 출간한 막스 베버 전집 중 종교사회학편(*Gesammelte Aufsätze Zur Religions-soziologie*)을 사용했다. 본문에서 인용된 구절은 한국어판을 따랐으나 필요한 경우 별도의 언급 없이 번역을 수정하기도 하였다.

2. 별도의 표시 없이 본문의 괄호 속에 표시된 숫자는 한국어판의 쪽수를 의미한다. 막스 베버의 한국어판 이외의 다른 참고문헌 인용과 관련된 사항은 독자들의 편의를 위해 후주 방식으로 기록했다.

3. 베버의 원저작은 독일어 제목이 'Die protestantische Ethik und der Geist des Kapitalismus'이며 한국어판의 제목은 '프로테스탄티즘의 윤리와 자본주의 정신'이지만 이 책에서는 '프로테스탄트 윤리와 자본주의 정신'으로 표기했다.

4. II부와 III부의 일부 내용은 문화이론 전문지 『문화과학』에 발표되었던 에세이 '도박과 자본주의'(48호)와 '프랭클린과 슈미트 그리고 레베카, 그들은 왜 일하는가?'(51호)를 토대로 재구성한 것이다.

프롤로그

문화가 차이를 만들어 낸다

우리는 왜 일을 할까? 과연 우리는 먹고살기 위해서만 일을 할까? 분명 노동은 먹고사는 문제와 관련 있다. 누군가 왜 일을 하냐고 물을 때 먹고살기 위해서라고 대꾸한다면, 그 대답은 틀리지는 않다. 하지만 이 대답에서 우리는 무엇인가 부족함을 느낀다. 일과 직업의 의미는 경제적으로만 해석될 수 없다. 우리는 일과 직업에 가치를 부여하고, 일과 직업에서 만족을 느끼기도 불평을 늘어놓기도 한다. 일은 힘들다. 아침마다 부족한 잠을 때우느라 지하철과 버스 속에서 꾸벅꾸벅 졸며 출근하는 사람들의 표정을 보라. 그들은 이렇게 외치고 있는 듯하다. "출근하기 싫다!"

하지만 노동은 자신이 처한 상황에 따라 상반된 의미를 지닌다. "출근하기 싫다!"고 투정 부리던 사람도 실업자가 되면 "일하고 싶다!"고 외친다. 일은 단순히 경제활동만을 의미하지 않는다. 회사에 다니는 사람에게 직장은 돈을 버는 곳이면서, 동시에 가장 친밀한 사회관계가 형성되는 곳이기도 하다. 직업은 물질적 욕구 충족 이상을 의미한다. 일은 소속감 같은 다양한 심리적·사회적 욕구를 만족시킨다.[1] 우리는 직장 동료들과 어울려 친분을 나누며

세상을 사는 고통을 이겨 낸다.

　반면에 현대 사회에서 실업자가 된다는 건 정기적 수입과 더불어 인간관계가 사라짐을 의미한다. 실업자들은 경제적 어려움뿐만 아니라 직장에서 맺어진 사회관계가 단절되면서 생겨난 고립감 때문에 고통을 당한다. 또한 지금까지 일을 매개로 가치를 공유했던 집단과 관계가 끊어진다. 이렇듯 노동은 단순한 경제적 행위가 아니라 문화적 행위다. 독일의 사회학자 막스 베버가 남긴 『프로테스탄트 윤리와 자본주의 정신』은 노동을 문화적 맥락에서 해석하는 대표적인 고전이다.

문화는 보이지는 않는다. 그렇지만 문화는……

문화는 우리가 일상생활에서 흔히 사용하면서도 정확한 뜻이 무엇인지 잘 모르는 대표적인 단어다. 문화는 매우 추상적인 단어다. 그래서 모든 학자들이 공유하는 문화 개념에 대한 정의는 없다. 문화 개념은 역사적으로도 늘 변화해 왔다. 중세 시대에 사용하던 문화라는 개념과 우리가 현재 사용하고 있는 문화의 개념은 매우 다르다. 그래서 문화학자 레이먼드 윌리엄스는 '문화'라는 단어야말로 영어 중에서 정의하기 가장 어려운 단어 중 하나라는 말을 하기도 했다.

　문화는 매우 다양하게 정의된다. 문화는 예술 작품처럼 인간의 특정한 활동과 그것이 만들어 낸 창작물을 의미하기도 한다. 이 경우 우리가 문화라고 부를 수 있는 영역은 매우 작다. 한편 문화 개념은 가장 넓은 뜻으로 보자면 삶의 양식을 의미하기도 한다. 삶의 양식을 공유하는 사람들은 신념과 의미를 공유한다. 같은 종교를 믿는 사람들을 생각해 보자. 같은 종교를 믿는 사람들에게 의미 있는 대상은 동일하다. 그들의 신념 또한 유사하다. 그것은 가치를 부여하는 대상이 동일하기 때문에 나타나는 현상이다.

우리는 흔히 길거리에서 청소년과 성인들이 옷차림은 물론 헤어스타일도 서로 매우 다르다는 걸 발견한다. 청소년은 어른들의 헤어스타일을 촌스럽다고 여기고, 부모는 자녀들이 고집하는 헤어스타일이 지저분하다고 여긴다. 부모가 아무리 말려도 청소년은 자신들만의 헤어스타일을 고집한다. 어른들 눈에 청소년들이 좋아하는 '샤기 컷'은 단정하지 못하며 한심하기 짝이 없는 스타일이지만, 청소년들은 그렇게 생각하지 않는다. 왜 그럴까? 부모와 청소년의 생활양식이 다르기 때문이다. 아무리 부모들의 눈에 청소년들이 고집하는 헤어스타일이 멋없게 보여도, 다른 생활양식을 지닌 청소년들은 그 헤어스타일을 '지대'로 '간지'난다고 받아들인다. 생활양식이 다르면 서로 사용하는 언어도 다르다. 텔레비전 프로그램 중에서 서로 다른 세대에 속한 사람들이 사용하는 단어의 뜻을 맞추는 프로그램도 그래서 흥미롭다.

문화는 보이지 않는다. 하지만 보이지 않는 문화는 우리가 눈으로 확인할 수 있는 지역과 나라 간의 차이를 만들어 내는 원인이다. 하나의 생활양식을 공유하는 사람들과 다른 생활양식을 공유하는 사람들은 명확하게 구별된다. 우리가 사는 지역에서 멀리 떨어진 곳으로 여행하는 것은 우리를 흥분하게 한다. 지구본을 보면서 상상해 보라. 한국의 정반대편에 있는 나라에서 사람들은 어떻게 살고 있을지 생각해 보라. 그들은 어떤 음식을 먹을까? 그들은 어떤 옷을 입을까? 그들은 무엇에 가치를 부여할까? 여행이 즐거운 이유는 단 한 가지다. 여행을 통해 지금까지 우리에게 익숙해진 것과는 전혀 다른 문화적 차이를 경험할 수 있기 때문이다.

나라 간 차이는 문화 때문에 생긴다

지하철이 없는 나라는 드물다. 지하철은 웬만한 도시에 다 있지만 지하철역에서 사람들이 걷는 속도는 나라마다 다르다. 사람들이 매우 천천히 걷는 나라가 있는 반면, 거의 뛰다시피 바쁘게 걷는 나라도 있다. 자동차를 운전하는 습관도 나라마다 크게 다르다. 어떤 나라에서는 운전자들이 아무 거리낌 없이 경적을 수시로 울리지만, 웬만해서는 경적을 사용하지 않는 나라도 있다. 우리나라에서는 개고기를 먹지만, 개고기를 먹지 않는 나라도 많다. 우리는 돼지고기를 먹지만 이슬람 문화권에서는 돼지고기를 먹어서는 안 된다.

이러한 차이는 왜 생길까? 이러한 차이는 자연법칙에 따라 만들어지는 게 아니다. 지역마다 다르게 나타나는 사람들의 이러한 차이는 각 지역의 문화가 다르기 때문에 생겨난다. 문화는 사람들의 사고방식과 가치 체계에 매우 큰 영향을 준다. 그래서 특정 문화를 공유하는 집단은 같은 문화를 공유하지 않는 사람과는 다른 특성을 보여 준다. 예를 들어 교육의 중요성에 대한 판단은 문화권마다 다르다. 교육열은 유독 유교 문화권에서만 높게 나타난다. 빚을 내서라도 자식 교육을 시키는 현상은 유교 문화권에서 나타나는 독특한 현상이다.

문화의 차이는 경제활동에도 영향을 미친다. 어떤 나라 사람들은 일을 매우 빨리 해치우려 하지만 어떤 나라 사람들은 일을 천천히 한다. 어떤 나라에서는 일을 돈을 벌기 위한 수단으로만 생각하기에 돈을 벌 수 있으면 어떤 일을 해도 상관없다고 생각한다. 하지만 체면을 중요하게 여기는 나라에서는, 아무리 돈을 많이 벌어도 사람이 할 수 있는 일과 해서는 안 되는 일을 매우 엄격하게 구분한다. 누구나 일을 한다는 사실은 세계 공통 현상이지만, 일을 하는 목적과 사람들이 일에 부여하는 의미는 매우 다르다.

문화에 따라 사람들이 노동에 거는 기대가 매우 다르다는 걸 잘 알려 주는 사례가 있다. 일본 기업이 태국에 처음 진출했을 때, 경영자들은 일본에서 공장을 운영하는 방식을 그대로 태국 공장에 적용했다. 일본인들은 의식을 중요하게 여기기 때문에 공장에서 매일 아침 노동자들이 함께 모여 사가(社歌)를 부르는 행사를 했다. 그런데 태국에 진출한 일본 기업의 생산성은 예상했던 것보다 낮았다. 생산성을 높일 수 있는 방법을 고민하다가 일본인 경영자는 놀라운 사실을 발견했다. 태국인들이 노동에 부여하는 의미는 일본인들이 일에 부여하는 의미와는 달랐던 것이다. 일본인들은 '경제 동물'이라는 좋지 않은 별명을 얻을 정도로 일 자체에 의미를 부여하고 회사 일로 과로사를 할 정도로 열심히 일을 한다. 하지만 태국인들은 일에 전혀 다른 문화적 의미를 부여한다.

태국인들은 모든 행동에서 '재미'를 뜻하는 사눅(sanuk)에 큰 가치를 둔다. 태국인들은 '사눅'(재미있는) 활동과 '마이 사눅'(mai

인도의 벽돌 공장

누구나 일을 한다는 사실은 세계 공통 현상이지만, 일을 하는
목적과 일에 부여하는 의미는 매우 다르다. 사진은
인도 벽돌 공장 노동자들의 모습이다. 이들은 카스트 제도 중
가장 신분이 낮은 자들로서, 이들에게 노동은 신분에 맞는 종교적 의무를
수행함으로써 자신의 업(業)을 씻어 내는 의미를 지닌다.

sanuk : 재미없는) 활동을 구분한다. 태국인들은 어떤 일이든 '사눅'을 발견하지 않으면 열심히 일하지 않는다. 처음에 일본 경영자들은 태국인들이 노동에 대해 갖고 있던 이런 문화적 의미를 알지 못했다. 태국인들이 노동에 부여하는 문화적 의미를 알아채고 나서, 일본인들은 엄숙한 의식을 진행하는 일본식 관습을 버리고 공장에서 음악을 틀어 주고, 더 많은 휴식시간을 주며, 작업 중에 할 수 있는 놀이도 가르쳐 주었다고 한다. 태국인들이 공장에서 '사눅'을 느낄 수 있도록 배려한 것이다. 이렇게 다른 방식으로 공장을 운영하자 태국인들의 의식 속에서 공장에서의 일은 '사눅'이 되었고, 그 결과 생산성이 증가했다.[2] 이렇듯 문화는 매우 많은 차이를 만들어 내는 원인이다.

왜 다른 곳이 아니라 서양에서만?

좋은 질문은 매우 중요하다. 쓸데없는 질문을 하는데 좋은 대답이 나올 리 없기 때문이다. 그런데 좋은 질문은 때로는 어려운 질문일 수도 있다. 좋은 질문은 판에 박힌 질문이 아니라 전혀 새로운 방식으로 던지는 질문이다. 좋은 책은 좋은 질문에서 출발한다. 좋은 책은 좋은 질문에 답변하는 과정에서 탄생한다. 저자는 책 속에서 자신에게 질문을 던지고, 자신이 던진 질문에 대답한다. 막스 베버의 『프로테스탄트 윤리와 자본주의 정신』은 좋은 질문과 대답이 빚어낸 훌륭한 이중주로 좋은 책이 탄생한 대표적인 예다.

그렇다면 이 책의 출발점이 되는 질문은 무엇일까? 다행히도 베버는 『프로테스탄트 윤리와 자본주의 정신』의 서문에서 자신의 질문을 친절하게 우리에게 알려 주고 있다. 서문에서 우리는 어렵지 않게 베버가 던진 질문을 찾을 수 있다. 이 책을 이해하기 위해 베버의 질문부터 알아보자.

중국인들은 장사에 천부적인 소질을 갖고 태어난다고들 한다. 동양에 중국인이 있다면 서양에는 유대인이 있다. 유대인도 중국인들처럼 장사에 천부적 소질을 보여 주면서 세계 경제에서 막대한 영향력을 행사하고 있다. 이 사실 자체는 특별히 새롭지 않다. 우리는 중국인과 유대인은 천부적인 장사 능력을 지녔다는 이야기를 듣고 더 이상 질문을 던지지 않고 지나칠 수도 있다. 하지만 어떤 사람은 "응, 그렇구나." 하고 지나쳐 버리지 않고 "도대체 이런 일이 왜 일어날까?" 하고 질문을 던지기도 한다. 베버는 단순한 사실을 그냥 지나치지 않고, 멈춰 서서 질문을 한 사람이다.

베버의 질문은 소박하다. 베버는 근대 사회를 규정하는 몇 가지 특징이 왜 유독 서양에서 먼저 등장했는지 그 이유를 궁금해했다. 베버는 서양에서 처음으로 등장한 근대적 현상의 목록을 작성하기 시작했다.

합리화는 유독 서양에서 먼저 시작되었다

베버는 "서구 문명에서, 그리고 오직 서구 문명에서만 나타난" 대표적 현상으로 '합리화'를 꼽았다. 합리화는 베버의 사상을 이해하는 데 매우 중요한 개념이다. 합리화는 주술이 지배하는 세계에서 벗어나는 것, 즉 '탈주술화'가 진행되는 것이다.

합리화는 전통 사회와 근대 사회를 구별하는 중요한 기준이다.

베버는 전통 사회와 근대 사회의 중요한 차이를 바로 합리화의 결과로 등장한 합리성이 있느냐 없느냐에서 찾았다. 전통 사회에서 인간의 행위는 전통적이며 또한 주술적이다. 합리화가 일어나지 않은 사회에서는 주술이 큰 힘을 발휘한다. 주술이 지배하는 사회에서 주술사는 과학자나 전문가보다 권위를 지닌다. 현대 사회에서는 점성술사와 천문학자를 엄격하게 구분하고 천문학자의 권위를 인정하지만, 주술이 지배하는 사회에서는 점성술사가 막강한 권위를 지닌다. 오늘날 우리는 병이 나면 의사가 병을 치료할 수 있다고 생각하고 의사에게 달려가지만, 주술이 지배하는 사회에서 사람들은 병을 치료하기 위해 무당을 찾는다.

합리화가 일어나기 이전의 사회에서 왜 사람들은 점성술사와 무당에게 의존했을까? 합리화가 일어나기 이전의 사회에서 사람들이 행위를 하거나 무엇을 선택할 때 가장 중요한 기준은 관습이다. 무당이 병을 고칠 수 있다고 생각했던 이유는 옛날부터 내려온 전통 때문이다. 아주 오래전부터 사람들은 몸이 아프면 무당을 찾았다. 나의 아버지도 그랬고, 할아버지도 그러셨다. 아마 할아버지의 할아버지도 몸이 아플 때 무당에게 의지했을 것이다. 반드시 무당에게 의존해야 하는 필연적인 이유가 있는지는 중요하지 않다.

그리고 합리화되지 않은 사회에서는 관습의 힘에 의해 지배가 이뤄지며 권력은 세습된다. 또한 인간의 행위는 감정에 따라 좌지우지되며, 일관성을 찾기가 쉽지 않다. 왕은 죄인을 처벌할 때 일관된 체계를 갖춘 법에 따라 처벌하지 않고 감정에 따라 처벌한다. 게다가 왕에게 이러한 막강한 권력을 부여하는 이유도 전통 때문이다. 반드시 그래야 하는 이유가 정확하지 않더라도 예전부터 그래 왔으면 그대로 따라 하는 것, 이것이 전통의 힘이다.

합리성과 결합한 자연과학은 오직 서양 문화의 산물

합리화는 유독 서양에서 빨리 등장한 현상이다. 합리화는 서양 문화의 여러 곳에서 새로운 변화를 유발했다. 과학은 어느 문화권에나 있었지만, 베버가 보기에 '합리적 과학'은 서양에서만 등장한 현상이다. 비유럽 지역에서 자연과학의 성과는 눈부셨다. 유럽의 자연과학은 사실 비유럽 지역의 자연과학이 없었다면 불가능했다. 하지만 근대에 접어들면서 유럽의 자연과학이 다른 지역의 자연과학을 압도하기 시작했다. 이는 유럽의 자연과학만이 지니고 있던 합리성 때문이다.

간단히 말해서 매우 세련된 지식과 관찰은 다른 곳, 특히 인도, 중국, 바빌로니아, 이집트 등에서도 존재했다. 그러나 바빌로니아나 다른 곳에서는 천문학이 수학적 기초를 갖추지 못했다. 또 인도의 기하학은 아무런 합리적 증명도 가지고 있지 못했다. 합리적 증명은 그리스적 지성이 낳은 산물이다. 인도의 자연과학도 비록 관찰은 잘 발달했지만 실험 방법은 없었다. 이 실험 방법은 고대에 시작되었지만 본질적으로 르네상스의 산물이다. 특히 인도에서 약학은 경험적 기술은 매우 발달했을지라도 생물학적 토대, 특히 생화학적 토대는 갖추지 못했다. 그러므로 합리적 화학은 서구 이외의 어떠한 문화 지역에서도 존재하지 않았다.(5~6)

 프로테스탄트 윤리와 자본주의 정신, 노동의 이유를 묻다

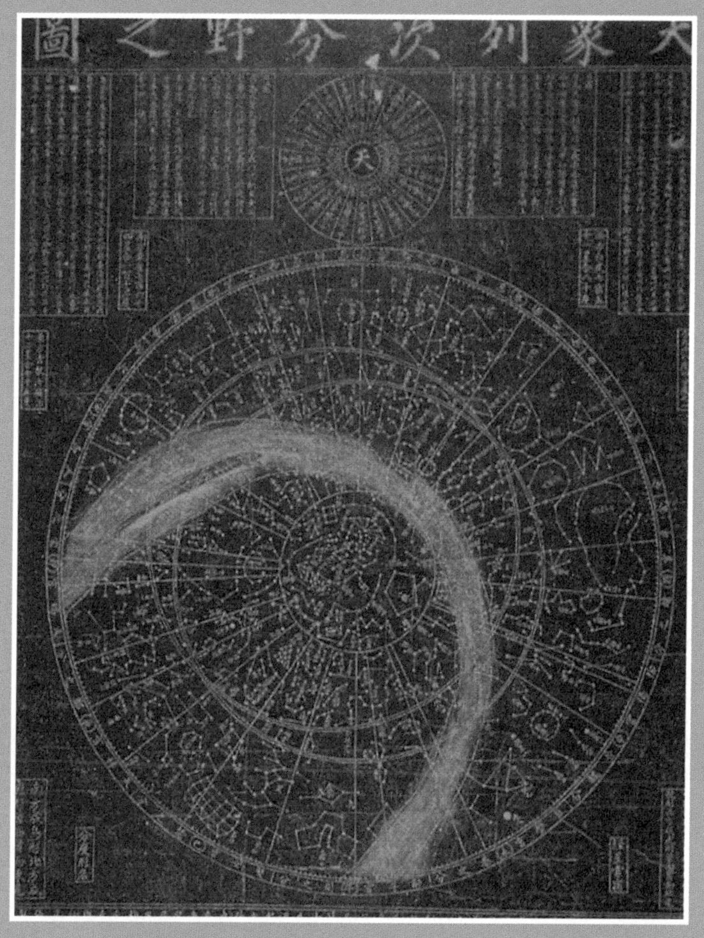

천상열차분야지도

자연과학은 모든 문화권마다 있었지만, 실험과 증명을
우선시하는 합리적 방법은 서양 근대 과학에서만 발견된다.
'천상열차분야지도' 天象列次分野地圖에서 보듯 조선의 천문학도 우주를
관측하는 기술이 발달하고 천체들의 운동에 대해 수준 높게 이해하고
있었지만, 수학적 기초를 비롯한 합리적 방법을 갖추지는 못했다.

물론 베버는 자연과학 자체가 유럽 문화의 산물이라고 주장하지는 않는다. 오히려 자연과학은 인도, 바빌로니아와 중국에서 출현했음을 베버는 잘 알고 있다. 하지만 베버는 서양에서 등장한 자연과학이 서양 이외 지역의 자연과학과 구별되는 특징을 지니고 있다는 점에 주목한다. 합리성과 결합한 자연과학은 오직 서양 문화의 산물이다. 자연과학은 모든 문화권마다 있었지만, 실험과 관찰을 통한 합리적 증명의 절차를 우선시하는 합리적 방법은 서양 자연과학에서만 발견되는 특징이다.

서양 음악은 수학의 체계를 지닌 합리화된 음악

합리성이라는 고유한 현상은 자연과학 이외의 영역에서도 발견된다. 음악에서도 서양에서만 발견되는 고유한 특징이 있는데, 그 특징도 합리성과 결부되어 있다.

합리적인 화성 음악, 대위법과 화음, 3도 음정을 지닌 세 화음에 근거한 음의 조작, 공간에 따라 해석되지 않고 르네상스 이래로 화음에 따라 해석된 반음계와 미세음계, 현악 사중주를 핵심으로 하는 오케스트라, 관악 합주의 조직, 베이스 반주, 근대적 음악 작품의 작곡과 생산을 가능하게 한 기보 체계, 소나타, 심포니, 오페라, 그리고 마지막으로 이 모든 것에 대한 수단으로 쓰이는 우리의 기본적인 악기들인 오르간, 피아노, 바이올린 등등. 이 모든 것은 단지 서양에만 존재하는 것이다.(6~7)

기보법*을 예로 생각해 보자. 현재 5선 기보법은 어느 나라에서나 사용할 정도로 보편적인 수단이지만, 이는 오직 서양에서 출현한 음악을 기록하는 방법이다. 기보법은 소리로 구성되어 있는 음악을 기호를 사용하여 시각화하는 방법이다. 소리는 특징상 곧 사라진다. 지금은 녹음 기술이 있기 때문에 소리를 녹음하여 소리를 붙잡아 둘 수 있지만, 녹음기가 없던 시절에 소리를 사라지지 않게 하는 방법은 청각적 기호인 소리를 시각적 기호로 번역하는 것이었다. 기보법은 바로 청각 신호를 시각 신호로 바꾸는 기법이다.

서양에서 등장한 기보법은 소리를 시각적으로 표현하기 위해 매우 다양한 기호들을 고안해 냈다. 기보법에서 사용되고 있는 여러 기법 중에서 우리에게 가장 잘 알려진 5선지를 예로 들어 보자. 이는 음의 높낮이를 시각적으로 표현한다. 소리를 5선지 위에 배치하기 위해서 무엇이 필요할까? 그렇게 하기 위해서는 소리와 소리 사이의 정확한 관계를 측정할 수 있어야 한다. 따라서 5선지는 소리를 수학적으로 측정하는 정확한 계산을 전제로 한 후에야 제대로 사용될 수 있다. 그래서 서양 음악은 사실상 수학의 체계를 지니고 있다. 이렇게 음의 계산 가능성에 의존하고 있는 합리화된 기보법[3]은 서양에서만 출현한 현상이다.

*기호를 써서 음악을 기록하는 방법. 현재 서양의 5선 기보법이 가장 널리 사용되며, 옛날에는 동기보, 문자보, 보선보 등이 사용되었다. 조선 세종이 만든 정간보도 편리한 기보법이었으며, 오늘날까지도 국악을 기보할 때 사용한다.

바흐의 자필 악보

서양 음악은 수학의 체계를 지닌다. 무엇보다 서양 음악에만 있는
화성(harmony)이야말로 수학적 비례의 산물이다. 이러한 특성은
합리화된 기보법의 발달을 가져왔다. 5선지는 소리를 수학적으로 측정하는
정확한 계산을 전제로 한다. 사진은 현존하는 바흐의 자필 악보 중
가장 오래된 것이다.

베버는 합리화가 서양 문화에서 발견되는 특징의 핵심이라 생각하면서, 서양 문화를 합리성이라는 틀을 통해 해석하는 데 깊은 관심이 있었다. 베버의 이러한 관심은 음악 연구에까지 확장되었다. 베버는 음악사회학 연구[4]를 통해 서양의 조성법이 '합리적인 계산 가능성'에 토대를 두고 있음을 입증하기도 하였다.

여기서 우리는 서양에만 등장한 여러 현상을 찾아내는 베버의 발상을 여러 가지 각도에서 해석해 볼 수 있다. 가장 먼저 떠오르는 의문은 이런 것이다. 베버는 서양 문화가 다른 문화보다 우월하다고 주장하고 싶은 것인가? 물론 우리가 살펴본 베버의 문장들을 볼 때 이런 의문이 터무니없지는 않다. 베버의 문장은 분명 이러한 뉘앙스를 풍기고 있다. 베버도 이 점을 염려했던 것 같다. 베버는 자신의 연구가 받을 수도 있는 오해를 미리 불식시키려는 듯, 자신의 연구가 갖는 제한점을 분명히 밝히고 있다. 즉 베버의 궁극적 목표는 서양의 특성을 이해하려는 것이지, 서양이 동양보다 우월하다는 점을 입증하려는 것은 아니다.

서양 문화의 고유성을 이해하려 했을 때 베버는 자본주의라는 현상과 만난다. 자본주의 역시 대표적으로 서양에서 먼저 등장한 현상이다. 베버는 또 질문한다. 자본주의는 서양 고유의 문화적 특성 때문에 서양에서 출현한 것은 아닐까? 물론 베버는 처음에는 자신이 던지는 이러한 질문이 과연 올바른지 확신하지 못했을 것이다. 하지만 점차 베버는 자신이 제대로 질문을 던지고 있음을 확신하며, 자신이 던진 질문에 대한 답을 찾는 여정을 시작했다. 『프로테스탄트 윤리와 자본주의 정신』은 답을 찾는 베버의 여정이 담겨 있는 책이다. 그래서 이 책에는 질문을 던지는 베버와 질문에 대답하는 베버의 모습이 모두 담겨 있다.

왜 서양에서만 근대적 자본주의가 발달했을까?

베버는 근대적 자본주의, 즉 합리화된 자본주의에 관심을 두고 있다. 합리적 자본주의는 지구상에서 오직 서양에서만 나타난 자본주의 유형이다. 이 근대적 자본주의는 해적 행위나 요행에 따라서 이윤을 추구하지 않고, 오히려 규칙적인 시장의 움직임을 예측하고 그 예측에 맞추어 경제활동을 한다는 측면에서 합리화된 자본주의다. 서양에서만 나타나는 여러 가지 특징 중에서도 베버가 가장 먼저 해명해야 할 대상으로 삼은 건 근대적 자본주의다. "근대에 서양에서는 다른 어떤 곳에서도 나타난 적이 없는 매우 다른 형태의 자본주의가 발전했다. 즉 (형식적으로) 자유로운 노동의 합리적인 자본주의적 조직화가 그것이다."(12)

베버의 이 질문은 매우 거대하다. 왜냐하면 근대적 자본주의야말로 우리의 삶을 규정하는 거대한 환경이자 가장 큰 힘이기 때문이다. 이러한 질문에 답하기 위해서는 한 권의 책으로도 부족할 것이다. 이 질문에 답하기 위해서는 아마 평생에 걸친 연구가 필요할 것이다. 베버는 멋진 질문에 대한 욕심은 있었지만, 과욕을 부리지는 않는다. 즉 그는 자신의 질문을 제한한다. 질문을 제한하지 않고서는 한 권의 책으로는 도저히 답할 수 없기 때문이다. 베버는 질문을 제한했기에 어떤 학자도 주목하지 못했던 새로운 방식의 문제 제기에 도달할 수 있었다. 베버는 자신의 질문을 이렇게 정리한다. 핵심적인 문제는 "노동을 합리적으로 조직하는 착실한 부르주아 자본주의의 기원"(14)이라는 것이다.

베버는 서구 자본주의 형성의 신비를 파헤치면서, 다음과 같은 비교문화적 질문을 던진다. "그런데 왜 자본주의적 이해관계가 중국이나 인도에서는 같은 결과를 낳지 못했을까? 왜 그곳에서는 과학, 예술, 정치, 혹은 경제의 발전이 서양처럼 합리화의 길로 들어서지 못했을까?"(16) 여기서 베버는 서구가 아닌 다른 지역에서 근대적 자본주의가 등장하지 않은 이유를 서구의 부르주아 계급이 지닌 특성과 연결시킨다. 베버의 관심은 이제 자연스럽게 근대적 자본주의의 출현과 관련되어 있는 서양 부르주아 계급의 특성을 파악하는 데로 나아간다.

근대 부르주아 계급의 특성을 파악하기 위해 여러 가지 방법을 사용할 수 있다. 서양 근대 부르주아 계급의 특성을 경제학의 관점에서 파악할 수도 있다. 그러나 베버는 자신의 접근 방식을 기존의 경제사적 접근과 구별하려 한다. 그는 서양 근대 부르주아 계급의 특성을 그들이 지닌 '문화'를 중심으로 파악하고자 했다. 즉 그는 근대 부르주아 계급의 특성을 부르주아 계급이 공유하던 문화인 금욕적 프로테스탄티즘의 특성을 분석하여 해명하려 했다.

왜 근대 자본주의 발전은 프로테스탄트와 관련되어 있을까?

베버는 여러 종파가 혼합되어 존재하는 지방의 직업 통계에서 매우 흥미로운 사실을 발견한다. 특정한 직업과 특정 종교 사이의 연관성을 찾아낸 것이다. 베버는 "자본 소유자와 경영자, 그리고 근대적 거대 산업과 상업 기업의 상급 노동자들이 두드러지게 프로테스탄트적 성격"(23)을 지닌다는 점에 주목한다. 프로테스탄티즘은 종교개혁 이후 등장한, 가톨릭과 구별되는 개신교를 의미한다. 베버가 발견한 흥미로운 통계적 사실은 중등 교육기관에 진학하는 비율이 부모의 종교와 관련이 있으며, 실업계 학교에는 프로테스탄트들이, 인문계 학교에는 가톨릭교도들이 많이 진학한다는 것이다. 어떤 종류의 학교에 진학할지를 결정할 때 종교가 중요한 요소로 작용한다는 건 매우 흥미로운 사실이다.

> 바덴과 바이에른, 헝가리 등에서는 가톨릭계의 부모들과 프로테스탄트계 부모들이 자기 자식에게 시키는 중등 교육의 종류가 다르게 나타난다. 중등 교육기관의 학생들 중 가톨릭이 차지하는 비율이 전체 인구에서 그들이 차지하는 비율보다 매우 적다. (……) 실업고등학교, 실업중학교, 고등초등학교 등과 같이 부르주아적 영리 활동을 위해 설립된 기관에서는 프로테스탄트의 비율이 높은 반면에 인문계 고등학교가 제공하는 예비 교육에서는 가톨릭이 우세하다.(25)

영리 활동을 위해 설립된 교육기관과 전통적인 인문계 고등학교에 진학하는 학생들의 부모가 지닌 종교의 차이는 매우 시사적이다. 또한 프로테스탄트적 환경에서 자란 학생은 가톨릭 환경에서 자란 학생보다 유독 경제적 이윤을 추구한다는 사실도 발견된다. 영리 활동을 지향하는 프로테스탄트 고유의 태도는 직업 세계에서도 차이를 낳는다. 가톨릭교도들이 전통적인 수공업 방식을 지향한다면, 프로테스탄트들은 근대적인 공장 제도로 진출하는 경향이 강하게 나타난다.

공장은 그들에게 필요한 노동력의 연마를 수공업에 위임하고 숙련이 끝나면 노동자를 채용한다. 잘 알려진 이러한 현상은 본질적으로 가톨릭의 수공업 노동자보다는 프로테스탄트의 경우에 뚜렷이 나타난다. 달리 말해 수공업의 도제 중 가톨릭은 수공업에 잔존하려는 경향이 더 크며, 따라서 수공업의 장인이 될 가능성이 상대적으로 크다. 반면에 프로테스탄트는 상대적으로 공장으로 흘러들어 가 그곳에서 숙련 노동자층과 경영 관리층의 상층부를 충원하는 경향이 짙다.(26)

유럽의 전통적인 산업 생산방식은 장인제에 기반을 둔 수공업 생산방식이었다. 수공업 생산방식에서 제품은 기계보다는 장인의 숙련된 솜씨에 의존한다. 우리가 동네에서 흔히 보는 미장원을 생각해 보자. 미용실 주인이 미용사를 겸하는 작은 규모의 미장원은 어느 동네에나 있다. 그런 미용실에는 주인인 미용사뿐만 아니라 미용사를 돕는 보조 미용사가 있다. 보조 미용사는 미용사의 일을 거들며, 미용 일을 배운다. 미용사는 미용실의 주인이자, 동시에 보조 미용사에게 일을 가르치는 스승이기도 하다. 보조 미용사는 일을 배워 언젠가는 스승처럼 독립된 미용실을 차리는 꿈을 꾼다. 유럽의 전통적인 장인제는 이와 유사한 방식으로 물건을 만들었다. 하지만 공장 제도는 전통적인 산업 생산방식과는 매우 다르다. 공장은 수공업 생산방식이 이뤄지는 공방보다 훨씬 더 규모가 크며, 장인의 손놀림에 의존하기보다는 기계에 의존해 제품을 만들어 낸다. 공장에서는 장인과 도제 사이에 일대일의 친숙한 관계를 기대할 수 없다.

매우 흥미롭게도 가톨릭을 믿는 사람은 전통적인 수공업에 잔존하려는 경향이 크다면, 프로테스탄트들은 합리화된 공장을 지향함을 베버는 발견했다. 지나칠 수도 있었던 이 사실은 베버가 근대 사회의 성격을 이해하는 중요한 실마리로 작용한다. 베버는 이 중요한 실마리를 놓치지 않는다. 베버는 근대적 자본주의와 관련된 직업, 특히 근대적 상공업에서 자본 소유와 경영, 고급 노동에 종사하는 사람들 중 프로테스탄트로 분류되는 사람의 비율이 유독 높다는 것은 매우 흥미로운 사실이며, 이 사실이 "먼 과거로 소급되는 역사적 이유에서 기인하는 것이 아닐까?" 하고 질문을 던진다. 베버는 당시 사회에서 흔히 발견되는 통계 사실 속에 근대 자본주의의 형성과 관련된 비밀이 숨어 있음을 눈치 챈 것이다. "먼 과거로 소급되는 역사적 이유"를 찾으면서 베버는 또다시 질문을 던진다.

경제적으로 발전된 부유한 도시들은 16세기에 프로테스탄트로 개종했으며, 그 결과 프로테스탄트는 오늘날에도 경제적 생존경쟁에서 유리한 상태에 있게 되었다. 그러나 곧 다음과 같은 역사적 질문이 발생한다. 경제적으로 발전한 지역이 특별히 종교개혁을 받아들일 소지가 있었던 것은 무슨 이유 때문인가?(24)

종교개혁이 발생한 지역에서 발견되는 공통점이 있었다. 종교개혁은 자본주의가 성숙한 지역에서 먼저 등장했는데, 자본주의가 성숙한 지역은 가톨릭 지역이 아니라 프로테스탄트 지역이었다. 베버는 이러한 차이가 가톨릭을 믿는 사람과 프로테스탄트로 개종한 사람들 사이에 나타나는 문화적 습성에서 기인한다고 판단했다. 드디어 베버의 질문은 완성되었다. 이제는 프로테스탄트 정신의 특징과 근대 자본주의 문화 사이의 내적 관련을 찾는 일이 남았다. 과연 프로테스탄트가 공유하고 있던 문화와 근대 자본주의 사회의 출현 사이에는 어떤 관련이 있을까?『프로테스탄트 윤리와 자본주의 정신』의 주제는 바로 이것이다.

I

『프로테스탄트 윤리와 자본주의 정신』의 탄생

발달한 자본주의의
문화적 충격으로 탄생한 책

모든 저서의 탄생은 저자의 삶과 밀접한 관련이 있다. 막스 베버의 대표 저작 중 하나인 『프로테스탄트 윤리와 자본주의 정신』 역시 마찬가지다. 막스 베버가 어떠한 환경과 맥락에서 이 저서를 집필했는지, 저작이 탄생한 배경을 파악하면 이 책을 이해하는 데 도움이 된다.

막스 베버는 1864년 4월 21일 에르푸르트에서 태어났다. 베버의 아버지는 법률가면서 시의원이었고, 베를린에서 정치가로 큰 성공을 거두었다. 어머니 헬레네 팔렌슈타인 베버는 프로테스탄트 가정 주부였다. 베버 가족은 1869년 베를린으로 이주했다.

학창 시절 베버는 병약한 아이였다고 한다. 그는 운동보다는 독서를 좋아했다. 고등학교 졸업 후 베버는 하이델베르크 대학과 베를린 대학 등에서 철학, 역사학, 경제학, 법학을 전공했다. 1889년 베버는 박사 학위를 받았는데, 연구 주제는 중세의 무역 관계를 지배했던 법 규정이었다. 교수 자격 청구 논문에서는 로마 시대의 농업 문제를 주제로 선택했다. 초기 저작에서도 이미 자본가 기업의 본질이라든가 서구 자본주의의 특성 등 『프로테스탄트 윤리와

어머니 헬레네 베버와
1903년경 투병 생활 후의 막스 베버

아버지가 권력과 명예, 쾌락을 추구하는 세속적 인물이라면,
어머니는 칼뱅주의 전통에서 성장한 경건하고 금욕적인 인물이다.
이렇게 서로 다른 가치관을 지닌 아버지와 어머니는 갈등을 빚었고,
이는 베버의 성장 과정에 큰 상처와 시련을 주었다.
베버의 가정은 아버지의 가부장제 권위주의가 지배했지만,
베버는 그에 맞섰고 어머니의 영향을 많이 받았다.

자본주의 정신』의 핵심 주제들이 등장한다.[5]

1893년 베버는 마리안네와 결혼하고, 1894년 프라이부르크 대학의 경제학 교수로, 1896년에는 하이델베르크 대학 교수로 취임한다. 그런데 아버지가 사망한 1897년 이후 베버는 여러 가지 병에 시달리게 된다. 신경쇠약증, 신체적 탈진, 불면증, 불안 상태가 계속되었고, 결국 그는 대학을 휴직하고 병을 치료해야 했다. 병 때문에 베버는 1897년부터 저작 저술을 거의 하지 못하다가, 1903년 초부터 서서히 회복되기 시작한다. 베버가 병에서 회복되는 기간 동안 매우 의미 있는 논문들이 나온다. 1904년 베버는 '사회과학 및 사회 정치적 인식의 객관성'이라는 논문을 발표하는데, 이 논문을 기점으로 초창기 방법론*의 지향과는 사뭇 다른 관점을 취하게 된다.

베버의 새로운 방법론은 우리가 검토하게 될 『프로테스탄트 윤리와 자본주의 정신』에서 본격적으로 실험된다. 베버는 1904년부터 1905년에 걸쳐 『사회과학과 사회정책』(*Archiv für Sozialwissenschaft und Sozialpolitik*)이라는 잡지에 논문 두 편을 연달아 발표했고, 이 논문들은 후에 『프로테스탄트 윤리와 자본주의 정신』이라는 제목으로 편집되어 출간된다. 처음에 논문으로 출발했던 베버의 자본주의 분석이 저작으로 발전한 데에는 미국 여행에서

*모든 학문이 '과학적' 학문으로 성립하기 위해서는 무엇보다도 먼저 인식의 대상과 연구 방법을 규정해야 하는데, 이러한 규정을 방법론(methodology)이라고 한다. 방법론이 확립되어야 어떤 현상들에 대해 과학적으로 접근할 수 있는 길을 마련하게 되고, 비로소 하나의 학문으로 성립할 수 있게 된다. 사회학이 '과학'이기 위해서는 방법론을 수립하고 엄격하고 정확하게 사회현상을 분석해야 한다.

받은 문화적 충격의 영향이 컸다.

브루클린 다리에서 뉴욕의 마천루를 바라보며 충격에 빠지다

1904년 베버는 첫 번째 논문을 발표한 뒤 미국을 여행한다. 그는 그 여행에서 상당한 충격을 받는다. 프로테스탄트들이 유럽에서 신대륙으로 이주해 건설한 국가인 미국은 구대륙인 유럽과는 매우 달랐다. 신대륙인 미국에서는 유럽과는 달리 '전통'이 매우 취약했고, 큰 힘을 발휘하지도 못했다. 베버는 뉴욕에서 번성한 자본주의가 빚어내는 놀라운 광경을 발견했다. 그는 미국 대도시 생활의 속도감과 혼잡함에 매료되었다. 베버의 부인 마리안네는 뉴욕에서 받은 베버의 감흥을 이렇게 전한다.

이윽고 9월의 어느 이른 아침, 푸른 하늘에 우뚝 솟은 마천루를 바라보며 뉴욕으로 입항하는 것은 참으로 멋진 일이었다. 우리는 멀리 저편까지 빛을 던져 주는 횃불을 힘차게 치켜든 자유의 여신상 앞을 지나갔다. 유럽에서 억압받는 계급이나 인종에 속하는 이민자를 매일 격려하며 모험 정신과 성공의 기회, 미래에 대한 희망을 주는 자유의 여신상 앞을 말이다. 베버는 세관 검사와 입국 수속을 기다리지 못하고, 드디어 기를 펴게 된 풀려난 독수리처럼 앞서는 마음에 이끌리어 경쾌한 발걸음으로 배에서 뛰어나갔다. 우리는 보는 이를 압도하는 고층 건물이 운집한, 이 나라 '자본주의 정신'의 가장 인상적인 상징인 맨해튼 아일랜드의 상업 구역 한복판에 서 있는 21층 호텔로 향했다. 우리는 엄청난 교통량으로 인해 번잡한 길의 마른 말똥 냄새를 비로소 느낄 수 있었다. 아, 어쩌면 이탈리아의 로마, 피렌체, 나폴리와 이렇게 다를 수 있단 말인가! (……) 막스(베버)는 어쨌든 병을 앓게 된 뒤 볼 수 없었던 원기 왕성한 모습을 보여 주었다. 신세계에 대한 끝없는 흥미 때문에 베버는 익숙함이 주는 편안함이 없다는 사실도 신경 쓰지 않았다. 그는 모든 것을 애정을 가지고 이해했으며 가능한 한 많은 것을 받아들이려고 했다.[6]

학자들은 보통 외국 여행을 통해 낯선 문화에 접하게 되면, 그 충격의 경험을 학문적 동기로 승화시킨다. 베버 또한 미국에서 겪은 새로운 충격을 학문 세계로 끌어들였다. 미국은 유럽과 비교해 볼 때 여러 가지 점에서 새로운 나라였다. 미국은 그야말로 신세계였다. 미국이라는 신세계는 막스 베버에게 많은 학문적 자극을 준 듯하다. 베버는 미국에서 이런 편지를 썼다.

뉴욕에서 가장 강렬한 인상은 브루클린 다리 가운데서 보는 전망과 승강기를 타고 다리를 넘어가면서 보는 브루클린의 커다란 교회 묘지입니다. 이는 아주 놀라운 대비입니다. 브루클린 다리의 보행로는 다리 중앙으로 갈수록 점차 높아집니다. 저녁 6시경 그 위로 가면 양쪽에서 15초 간격으로 왔다 갔다 하는 고가 전차를 볼 수 있습니다. 불과 수 미터 간격을 두고 사람들이 터져 나올 듯이 꽉 찬, 심지어 승객 절반은 매달려 있는 통근 전차가 달리고 있어 굉음이 끊이지 않습니다. 게다가 전차 소음 사이사이 저 아래쪽에서는 큰 기선이 기적을 울리고 있습니다. 흰 구름이 가득 찬 뉴욕 도심이 자리 잡은 섬 남쪽에 펼쳐지고

<거리의 소음이 집으로 침입하다>
움베르토 보치오니, 1911년

큰 기계와 건물이 가득하고 요란한 소음이 들릴 것 같다.
움직임과 힘으로 가득 찬 이 그림은 도시의 역동적인 느낌을 잘 전달한다.
화가 보치오니는 소음이 넘치고 바쁘게 움직이는 도시가 아름답다고 느꼈다.
베버 또한 번성한 자본주의가 빚어내는 도시의 속도감과 혼잡함에 매료되었다.

있는 자본의 성채(城砦)는 기막힌 광경입니다. 이 광경은 마치 볼로 냐나 피렌체의 오래된 그림에서 볼 수 있는 성탑을 연상시킵니다. 광대한 외항, 자유의 여신상과 먼 바다 전망까지 곁들여지면 그야말로 뉴욕에서만 볼 수 있는 전망이 펼쳐집니다. 심지어 황량한 외양을 지닌 독일의 주거용 아파트 10개를 쌓아올린 듯한 마천루도 추하다고 볼 수 없었습니다. 마천루는 도적들의 은밀한 소굴이 숨어 있는 바위 같은 인상을 주어 결코 아름답다고 할 수는 없겠지만, 그렇다고 추하다기보다는 미추를 넘어서 이 나라에서 일어나는 모든 것의 상징입니다.[7]

베버는 청교도들이 건설한 새로운 국가인 미국에서 자본주의가 빚어내는 역동적인 풍경을 목격했다. 미국이 보여 주는 역동성은 빌헬름 2세 치하의 권위주의적인 독일의 풍경과는 사뭇 달랐다. 베버가 미국에서 받은 문화적 충격은 대단했다. 막스 베버는 독일로 돌아오자마자 『프로테스탄트 윤리와 자본주의 정신』의 제2부에 해당하는 논문 '금욕적 프로테스탄티즘의 직업윤리'를 서술했다.

마르크스의 자본주의 설명 방식에서 한계를 느낀 베버

베버가 살던 당시 독일의 정치적 상황은 복잡했다. 베버가 『프로테스탄트 윤리와 자본주의 정신』 2부를 발표했을 때, 러시아에서는 1차 사회주의 혁명이 일어났다. 당시 독일의 지적 전통은 보수적 자유주의와 사회주의자로 양분되어 있었다. 러시아에서는

1905년 혁명을 기점으로 마침내 1917년 레닌이 이끄는 볼셰비키 혁명이 성공을 거두고 사회주의 건설을 향한 실험이 시작되었다. 바로 이러한 상황에 의해 마르크스주의자와 베버의 특이한 관계가 형성되었다.

베버는 정치적으로 사회주의자가 아니었다. 바로 그런 이유로 사람들은 흔히 사회주의자인 마르크스와 베버를 즐겨 비교하곤 한다. 당시 독일에서 농업에 기반을 둔 보수파는 루터주의 정통파와 연합하고 있었고, 도시 상인과 은행가는 자유주의적인 지식인과 결합하였으며, 사회주의에서 희망을 찾는 임금 노동자는 마르크스주의를 지지하는 하층 지식인과 동맹하였다.[8] 베버는 마르크스주의자는 아니었지만, 그렇다고 보수주의자도 아니었다. 베버의 사상에는 "보수적, 자유주의적, 사회주의적인 여러 사상의 요인이 동화되고 변형되어 그의 저작의 복잡한 양식 속에서 통합"[9]되어 있었다.

베버가 마르크스주의에 대해 비판적 입장을 갖고 있었음은 분명하다. 『프로테스탄트 윤리와 자본주의 정신』에서도 분명 마르크스 방법론의 한계를 지적하고 있다. 베버는 마르크스 이후에 지적 활동을 전개한 학자다. 그렇기 때문에 마르크스가 던지지 않았던 질문을 던질 수 있었다. 이런 점에서 베버는 마르크스보다 유리한 지점에서 출발한 셈이다. 베버는 마르크스의 이론 틀로는 해석할 수 없는 새로운 질문을 한다. 그는 마르크스주의의 경제결정

* 경제가 사회 발전의 결정적인 원동력이라고 보는 이론이다. 경제결정론은 인간의 의식, 사회 사상, 이념, 정치, 법률까지도 경제적 토대에 의해 결정된다고 본다.

론*을 지지하지 않았다. 베버는 "엄밀히 경제적인 것, 경제적으로 결정되는 것 및 단순히 경제적으로 관련되는 것들을 냉정하게 구분"10)하지 못하는 마르크스주의 방법론에서 한계를 발견했다. 즉, 베버는 자본주의에 대한 마르크스의 경제적 해석에서 한계를 느꼈고, 이를 보완하거나 극복할 수 있는 방법론적 대안을 제시하고자 했다.

베버는 경제적 토대가 사회를 규정한다는 마르크스주의의 경제결정론적 해석은 사회의 변화를 하나의 원인(경제적 요인)으로 환원시키기 때문에 사회를 충분히 이해하기에는 부족하다고 보았다. 베버는 『프로테스탄트 윤리와 자본주의 정신』을 통해 마르크스 방법론을 보완하려는 의도를 갖고 있었다.

하지만 베버는 결코, 반(反)마르크스주의자라는 흔한 해석과는 달리, 자신의 방법론이 마르크스 방법론을 대체할 수 있다고 여기지 않았다. 베버는 일방적인 유물론의 문화·역사 해석을 역시 일방적인 정신주의적 문화·역사 해석으로 대체할 의도를 지니고 있지 않음을 분명히 밝혔다. 그러나 마르크스와 베버의 관계는 베버의 희망대로 해석되지 않았다.

 **자세히 들여다보기** --

문화에 대한 마르크스와 베버의 해석

마르크스는 물질이 정신을 지배한다고 보았다. 심지어 후일 경박한 마르크스주의자들은 정신이 한낱 물질로 변환될 수 있다고 보기도 했다. 그래서 물질을 이해하면 정신을 이해할 수 있다고 생각했다.

사상, 문화, 법

↑

물질, 경제

마르크스의 이러한 견해는 사회를 이해하는 데도 반복된다. 그는 사회도 마찬가지로 물질적 기초인 경제가 문화, 사상, 법 등을 결정한다고 보았다. 문화, 사상, 법 등은 물질적 기초의 반영일 뿐이라고 보았던 것이다. 그래서 사회를 이해하기 위해 문화를 중시하기보다는 경제를 분석하는 데 힘을 쏟았다. 이를 유물론적 해석 또는 경제결정론적 해석이라고 한다.

반면 베버는 마르크스의 견해가 어느 정도 진실을 반영한 것이지만, 충분하지는 않다고 보았다. 베버는 물질이 정신을 지배하는 면이 있기는 하지만, 정신이 그대로 물질로 환원될 수 있다고 보지는 않았다. 정신은 독자성과 자율성을 지닌다고 보았다. 그래서 정신은 독자적으로 이해할 필요가 있다고 생각했다.

마르크스	유물론적 해석
베버	유물론적 해석 + 관념론적 해석

따라서 베버는 사회를 이해할 때 유물론적 해석도 필요하지만, 관념론적 해석도 필요하다고 보았다. 경제만이 아니라 문화를 통해서도 사회를 이해할 필요가 있다고 생각했다. 그리고 『프로테스탄트 윤리와 자본주의 정신』은 문화를 통해 사회를 분석한 결과물이다. 여기서 주

카를 마르크스

1818~1883

마르크스는 베버 사상에 큰 자양분이었으며,
베버는 마르크스의 업적이 없었다면 자기 작업의 커다란 부분을
이룰 수 없었다고 생각했다.

의할 것은 베버가 마르크스의 유물론적 해석을 관념론적 해석으로 대체하려던 것이 아니라는 점이다. 오히려 베버는 마르크스의 방법론을 보완한 것이다.

마르크스냐 베버냐

러시아에서 사회주의 혁명이 성공한 후 세계는 이른바 자본주의와 사회주의라는 두 체제가 서로 대립하고 경쟁하는 시대로 접어들었다. 자본주의와 사회주의 사이의 체제 경쟁이 격화되면 격화될수록, 자본주의와 사회주의를 상징하는 아이콘(Icon)의 숫자 또한 늘어났는데, 체제 경쟁은 정치뿐만 아니라 학문에도 큰 영향을 미쳤다. 마르크스가 대표적인 사회주의의 아이콘이 된 학자로 자리 잡았다면, 마르크스에 상응하는 자본주의의 아이콘으로는 베버가 선발되었다.

마르크스는 자본주의를 비판하고 사회주의 혁명의 불가피성을 탐구한 사회주의 이론가였다. 이와 달리 베버는 냉전 체제에서 자본주의 체제를 일방적으로 옹호한 사람으로 해석되었다. 베버가 주장한 합리성은 자본주의적 계급 이해를 정당화하려는 의도를 지닌 이데올로기로 낙인찍히기도 하였다.[11] 이러한 분위기에서 베버의 모든 테제는 반마르크스주의의 입장에서 해석되기 시작했다. 이러한 분위기를 가장 잘 표현해 주는 구호가 "마르크스냐 베버냐"라는 양자택일적 질문이었다.

자본주의의 아이콘이자 반사회주의의 상징으로서 막스 베버는 한국에서의 베버 수용에도 커다란 영향을 미쳤다. "마르크스냐 베버냐"는 "혁명이냐 개혁이냐"라는 구호만큼이나 1980년대 한국 사회과학계에서 호소력 있는 질문이었다. 냉전 체제에서 마르크스와 베버를 대조하면서 각자의 이론을 설명하는 방식은 사회학의 표준으로 자리 잡기도 하였다. 예를 들어, 사회학 개론 교과서에서는 사회 불평등을 설명할 때 마르크스의 계급론과 베버의 계층 이론을 비교하곤 한다. 또 베버의 '직업으로서의 학문' 테제는 마르크스의 계급 당파성 이론과 비교되는 단골 주제였다. 1980년대 이념의 시대에 사회과학을 공부하는 대학원생들은 스스로 마르크스파 혹은 베버파라 불렀다. 그런 점에서 나는 80년대에는 베버파와 융합할 수 없었던, 심지어 적대적이었던 마르크스파에 속했다.

모더니티의 사상가 베버

나는 80년대에 20대였고, 스스로 이른바 마르크스파에 속한다고 생각했다. 마르크스의 이론에 대해 강의실에서는 심도 있게 다뤄지지 않았다. 마르크스 이론은 희한하게도 교련 수업 시간에 반공주의적 관점에서 비판되기 위해서나 언급되었지, 사회학 수업 시간에는 슬쩍 건드리며 지나가는 정도였다. 그랬기에 20대 시절 마르크스는 나의 숨겨진 커리큘럼이었다. 숨겨진 커리큘럼은 공식 커리큘럼보다 달콤했다. 숨겨진 커리큘럼을 탐독했지만, 반면 나는 대학생 시절 막스 베버의 저작을 체계적으로 읽은 적이 없다. 또한 베버에 관한 체계적인 논문을 작성한 경험도 없다. 게다가 대학원에 진학하고 난 후에도 막스 베버는 종합시험을 준비하기 위해 읽는 사상가였지, 내 마음 깊은 곳에서 의미를 되새기며 읽는 사상가는 아니었다.

얼마 전 나는 80년대에 내가 읽었던 막스 베버 관련 책을 들추다가 책 여기저기에 내가 남긴 논평을 보고 깜짝 놀랐던 적이 있다. 막스 베버에 대한 감정적인 적대감이 물씬 풍기는 메모를 책 여기저기에 남겨 놓았던 것이다.

그런 메모를 남겼던 1980년대에 20대였던 나는 2000년대에 40대가 되어 다시 베버에 관한 책을 쓰고 있다. 내가 베버에 대해 지니고 있었던 막연한 거리감은 냉전 시대에 베버가 해석되던 방식, 즉 마르크스와 달리 사람들이 베버라는 사회학자에게 부여했던 '표상'과 관련이 있다. 따라서 베버에 대한 재평가는 80년대의 유산, 나의 20대와의 관계를 재정립하는 것과 같다. 물론 이런 상황을 80년대식으로 해석하자면, 마르크스주의자에서 베버주의자로의 전향이라고 말할 수도 있을 것이다. 하지만 이것은 전향이라기보다 오히려 내가 베버에 대해 갖고 있었던 오해를 풀어 가는 과정이라는 표현이 더 정확할 것이다. 나는 80년대에 베버를 지독하게 오해하고 있었다.

이제 나는 베버를 마르크스주의의 반대자라는 관점이 아니라 모더니티(Modernity)*의 사상가라는 틀에서 재발견하고 싶다. 자본주의 형성의 역사가로 파악하느냐, 모더니티 형성의 역사가로

---

*매우 다양한 의미로 사용되지만, 이 책에서는 근대 사회가 출현하면서 나타난 여러 사회적 특징이나, 근대 사회에 사는 사람들만이 공유하는 가치와 신념 체계를 일컫는 개념으로 사용한다.

파악하느냐에 따라 베버의 해석은 매우 달라질 수 있다. 냉전 시대 이후 베버를 반마르크스주의와 반사회주의의 틀에서 해석하는 시도는 급격히 설득력을 상실하고, 오히려 베버를 모더니티의 이론가로 해석하는 경향[12]이 새롭게 대두되고 있는데, 나 역시 이러한 틀에서 베버를 재발견하고자 한다.

프로테스탄트 노동윤리의 탄생을 어떻게 설명할 것인가? 2

물은 조선 시대에도 100도에서 끓었지만……

자연과학의 지식 대상은 자연이다. 반면 인문과학은 인간을 지식 대상으로 삼는다. 인간은 자연과는 달리 생각하는 존재다. 게다가 인간은 감정을 지니고 있다. 그렇기에 인간을 대상으로 하는 인문과학과 물질을 다루는 자연과학은 여러 차이를 지닐 수밖에 없다. 자연과학과 인문학의 지식 목표는 서로 다르다. 자연과학은 보편의 인과적 지식을 추구한다. 자연과학에서 과학적이라고 간주하는 법칙은 역사가 변해도, 그리고 서로 다른 문화권에서도 보편적으로 통용된다. 물은 섭씨 100도에 도달하면 끓기 시작한다. 물이 100℃에서 끓기 시작한다는 사실은 조선 시대나 지금이나 타당하다. 우리가 사용하는 언어와 아프리카에서 사용하는 언어는 전혀 다르지만, 물은 한국에서도 아프리카에서도 100℃에서 기화한다.

이렇듯 물은 역사적 시간과 공간의 차이에도 불구하고 모두 100℃에서 끓지만, 사람들의 행동은 그렇지 않다. 아프리카의 예법과 미국의 예법은 다르다. 조선 시대에 양반들이 노동에 대해 갖고 있던 태도와 현재 우리가 생각하는 노동의 의미는 완전히 다르다. 그렇기에 인간을 지식 대상으로 삼는 인문과학에서는 자연과학과 같은 보편타당한 법칙을 발견할 수 없다.

자연과학과 인문학의 이런 차이 때문에 두 학문의 관계에 대해 여러 가지 태도가 등장한다. 한편에서는 자연과학의 법칙이 인간 세계에도 통용될 수 있으며, 모든 학문이 자연과학의 지식 모델을 모방해야 한다고 주장하는 사람들이 등장한다. 이러한 입장을 '실증주의'*라 한다. 반면 자연과학과 인문학은 서로 다르기에 각자 다른 길을 가야 한다고 주장하는 사람들도 있다. 신칸트학파가 이런 주장을 펼쳤던 대표적인 학자들이다. 이러한 상황에서 베버는 자연과학적 법칙이 인간세계에도 통용될 수 있다고 간주한 실증주의와 거리를 두면서, 동시에 신칸트학파의 입장도 따르지 않았다. 베버의 독특성은 '이해'와 '설명'을 구별하는 것에서 대표적으로 드러난다.

물이 끓는 이유는 이해할 수 없지만, 사람들의 행동은 이해할 수 있다

베버는 대상을 '이해'하려는 지식과 '설명'하려는 지식을 구별했다. 설명이란 대상을 원인과 결과의 법칙에 따라 해석하는 지식의 형태다. "물은 100℃에서 기화하며, 0℃에서 응고된다."와 같은 명제는 물이라는 지식 대상의 특징을 설명하는 사례다. 물이 얼음으로 변화하는 이유는 물이 0℃에 도달했기 때문이라고 진술하면,

*형이상학적 사변을 멀리하고 관찰이나 실험 등으로 검증 가능한 지식만을 인정하는 태도를 말한다. 실증주의는 근대 자연과학의 방법과 성과에 기초해, 물리적 세계만이 아니라 사회적·정신적 현상들까지 일관되게 설명하려 한다.

우리는 물이 얼음으로 변화하는 과정을 설명한 것이다. 자연과학이 추구하는 지식은 '설명'에 해당된다. 또 다른 지식의 형태인 '이해'는 설명처럼 인과법칙에 따라 대상을 해석하는 것을 목표로 삼지 않고 행위자의 '주관성'과 '동기'를 밝혀내는 앎의 형태다. 우리는 지구의 공전을 '설명'할 수는 있어도 '이해'할 수는 없다. 지구는 주관성과 동기를 지닌 인격체가 아니기 때문이다.

개별 인간의 행위는 주관적인 의미와 내적 동기에 의해 영향을 받는다. 지구는 정신을 소유하지 않은 자연 대상이기 때문에 주관성과 심리적 동기를 지닌 행위자가 될 수 없다. 반면 자신의 목숨을 걸고 혁명에 참가하는 사람은 주관성에 의해 움직이는 행위자다. 만약 혁명이 일어났을 때 사람들이 왜 혁명에 참여하는지를 알고자 한다면, 우리는 '설명' 모델이 아니라 '이해' 모델을 추구해야 한다. 혁명에 참가할 것인가 말 것인가는 물이 100℃에서 끓는 것처럼 보편타당한 인과법칙에 따라 결정되는 게 아니라 행위자의 주관성에 따라 결정되기 때문이다.

베버는 개개인의 주관적 이해 내용을 통찰하고 사회적 행동을 야기한 개개인의 동기를 밝히는 데 관심이 있었다. 설명과 이해에 대한 구별에 기초해서 보면, 프로테스탄트 특유의 노동윤리는 설명의 대상이 아니라 이해의 대상이다.

 자세히 들여다보기 --

베버와 신칸트학파

자연과학의 지식 모델을 모든 지식이 추구해야 하는 모범으로 여기는 실증주의 경향이 영국과 프랑스에서 등장했다면, 상대적으로 근대화가 늦었던 독일에서는 실증주의 철학을 비판하는 지적 경향이 나타났다. 19세기에 이러한 지적 경향은 자연과학 모델의 확산에 반대하면서 인문과학의 고유성을 주장한 '역사주의'로 나타났다. 20세기에 접어들면서 형성된 신칸트학파 역시 이러한 경향을 대변한다. 신칸트학파에 속하는 학자로는 딜타이, 만하임, 크로체, 빈델반트, 리케르트 등이 있다. 신칸트학파를 대표하는 딜타이[13]는 '설명'과 '이해'를 대립시키면서, 이해 모델을 개인의 심리적 상태에 관한 연구로 환원시켰다. 딜타이식의 완고한 입장을 추구하면 사회과학은 불가능하다. 딜타이의 방법론은 개인을 '이해'하는 개성기술학으로 축소된다.

베버는 자연과학을 모방하는 사회과학의 경향을 지향했던 실증주의 사회과학을 비판했다. 그는 신칸트학파의 입장을 계승해 이해 모델을 추구했다. 그러면서도 개성기술학으로 빠져들지 않고 이해 모델에 입각한 사회과학의 가능성을 타진했다. 바로 이 점이 베버 방법론의 핵심을 구성한다.

- ●

노동윤리는 설명이 아니라 이해되어야 한다

프로테스탄트의 노동윤리를 '이해'하기 위해 베버는 근대 경제학의 중요 전제와 거리를 두었다. 경제학은 인간을 경제인(Homo Economicus) 모델에 따라 파악한다. 경제인 모델에 따르면 경제적 동기가 인간의 행동을 좌우하는 주요 원인이다. 하지만 베버는 인간의 행위 내면에 놓인 문화적 주관성의 영역에 관심을 둔다. 이런 관점에서 보면 노동은 경제적 행위면서 동시에 문화적 행위다. 따라서 베버는 노동과 자본주의를 분석하기 위해서는 경제학의 방법만으로는 부족하다는 결론에 도달한다. 노동윤리를 분석하기 위해서는 노동과 자본주의의 문화적 특성에 주목하는 문화사회학적 분석이 별도로 필요하다는 것이다.

베버는 물질적 재화가 생산되고 소비되는 경제 영역과 경제와 노동에 대한 의미가 부여되는 가치 체계를 구별한다. 물질적 재화의 생산과 소비가 발생하는 경제 영역은 경제학의 연구 모델에 따라 분석될 수 있다. 하지만 경제와 노동에 의미를 부여하는 사람들의 가치 체계를 해석하는 데 경제학적 모델은 한계를 드러낸다. 인간은 물질적 동기 때문에 노동을 하지만, 인간의 노동을 규정하는 모든 동기가 경제적 속성을 지니지는 않는다. 은퇴한 노인들은 돈 때문만이 아니라 자신이 아직 건재하다는 걸 보여 주기 위해서 노동을 한다. 여성들에게도 노동은 경제활동 이상의 의미를 지닌다. 여성들에게 노동은 자신도 남성과 동등한 사회의 구성원임을 입증하는 행위다. 이렇듯 인간에게 노동은 돈을 버는 경제활동 이상의 의미를 지닌다. 노동에는 인간의 주관적 정서가 배어 있다. 그렇기에 노동은 이해의 대상이 된다.

이념형을 발견하라, 그리고 자본주의를 분석하라

프로테스탄트 노동윤리를 이해하기 위해서 베버는 이념형(Ideal type)의 발견이라는 방법을 사용한다. 이념형이라는 단어에서 우리는 모범적인 상황을 떠올릴 수도 있다. 예를 들어 "학생의 이념형"이라는 표현을 듣고 우리는 이 말이 이른바 모범생을 의미하는 것으로 착각할 수도 있다. 하지만 베버가 사용하는 '이념형'은 가치판단에 근거해 평가할 때 바람직한 상태라는 뉘앙스를 포함하지는 않는다. 이념형은 결코 가치판단의 개념은 아니다. 이념형의 'ideal'은 이상적이라는 뜻으로 사용된 것이 아니다.

현실은 생각 이상으로 복잡하다. 사회에는 너무나 많은 사람들이 살기 때문에 사람들을 분석한다는 건 보통 일이 아니다. 분석을 위해서는 불가피하게 현실에 존재하는 개개인의 특성을 종합해서 추상적으로 구성해야 한다. 만약 우리가 사기꾼이 왜 사기를 치는지 연구한다고 하자. 세상에는 무수히 많은 사기꾼들이 있다. 사기꾼들의 사기를 '이해'하기 위해서 우리가 세상에 존재하는 모든 사기꾼을 만나, 그들의 주관성을 파악할 수는 없다. 그건 불가능하다. 그렇지만 사기꾼에게서 발견되는 개별 특징을 조합해서 사기꾼은 이런 특징들을 지닌다고 가정할 수는 있다. 이게 바로 이념형이다.

『프로테스탄트 윤리와 자본주의 정신』은 이념형을 통해 현실을 분석하는 베버의 방법론이 가장 잘 적용된 대표적인 사례다. 베버는 자본주의 발생을 이해하기 위해 '프로테스탄티즘'의 이념형을 경험적으로 존재했던 프로테스탄트의 여러 유파로부터 구성해 냈다. 프로테스탄티즘의 이념형을 토대로 다시 베버는 자본주의 정신이라는 이념형을 구성해 내고, '자본주의 정신'과 '프로테스탄티즘'이라는 이념형 사이의 관계에 주목한다. 과연 베버는 이 시도를 어떻게 전개하는지, 본격적으로 『프로테스탄트 윤리와 자본주의 정신』의 세계 속으로 들어가 보자.

이념형

만약 우리가 사회과학의 비자연과학적 성격을 지나치게 강조한다면 사회과학은 개개 사물의 특성을 기술하는 데서 벗어나지 못할 것이다. 사회과학이 개별에 대한 개성 기술이라는 한계에서 벗어나 객관성의 영역으로 상승하기 위해서는 무한하게 복합적인 경험 세계를 추상화[14] 해야 한다. 이념형은 바로 복합적인 경험 세계를 추상화해서 구성한 현실이다. 이념형은 순수한 개념적 산물이며, 현실에는 존재하지 않는 개념적 구성물이다. 따라서 이념형은 현실에서는 찾아낼 수 없다. 그렇지만 이념형은 우리가 현실을 분석하는 데 매우 유용하게 사용되는 방법론의 도구가 된다.

예를 들어 보자. '부경환'이라는 학생이 있다. 우리는 부경환을 '이해'하기 위해 부경환이라는 개체의 특성 기술에 강조점을 둘 수도 있다. 만약 우리가 부경환이라는 학생을 이해하기 위해 '부경환'에 초점을 둔다면 신칸트학파의 방법에 충실한 것이다. 하지만 부경환이라는 학생은 '부경환'이라는 개별적 특성과 더불어 '학생'의 일반적 성격을 동시에 지닌다. 만약 우리가 '부경환'에만 초점을 둔다면, 우리는 '부경환이라는 학생'과 '김한솔이라는 학생'을 연관성 속에서 '이해'할 수 없다. '부경환'이나 '김한솔'에만 초점을 둔다면, 그것은 전형적인 딜타이식 방법론이다. 부경환과 김한솔이라는 개별자를 연관성 속에서 이해하기 위해서는 그들의 공통점인 '학생'에 주목해야 한다. 베버식의 방법으로 우리는 경험적으로 존재하는 부경환과 김한솔에게서 학생의 일반적 특징을 추출해서 학생이라는 이념형을 구성해 낼 수 있다.

이념형은 매우 유용한 틀이다. 이념형은 경험적 대상을 비교할 수 있도록 해 준다. 개성적 존재인 김한솔과 부경환을 비교할 수는 없다. 우리가 김한솔과 부경환을 비교할 수 있는 유일한 방법은 학생이라는 이념형을 구성해 낼 때다. 만약 학생이라는 이념형을 구축해 낸다면, 우리는 그 이념형에 근거해 김한솔이라는 학생과 부경환이라는 학생을 비교할 수 있다. 또한 이념형은 다양한 경험적 대상을 분류할 수 있도록 해 준다. 만약 우리가 학생이라는 이념형을 구축한다면, 우리는 학생이라는 이념형에서 또한 '날라리'나 '범생이'와 같은 학생들의 여러 유형을 추론해 낼 수 있고, 이에 근거해 현실을 좀 더 잘 이해할 수 있다.

II 자본주의 정신의 형성

노동을 경멸했던 근대 자본주의 이전 사회 3

"일하지 않는 자는 먹지도 말라."라는 말을 누구나 한번쯤은 들어본 적이 있을 것이다. 이 격언을 들으면 우리는 고개를 끄덕인다. 이 격언에 담긴 메시지는 역사와 지역적 차이를 초월하여 보편타당하다고 생각한다. 하지만 아쉽게도 이 격언은 초월적이고 보편타당한 진리가 아니다. 우리가 너무나 당연하게 여기는 이 격언이 통하지 않던 시대가 있었다. 고대 그리스가 그랬다.

고대 그리스에서 노동은 노예의 몫이었다

고대 그리스인들에게 노동은 저주받은 행동이었다. 『일리아스』와 『오디세이아』의 작가로 유명한 호메로스는, 노동은 인간을 미워한 신이 앙심을 품고 인간을 고생시키기 위해 만들어 낸 행위라고 정의할 정도였다.[15] 고대 그리스인들이 노동을 저주받은 행동으로 격하한 가장 결정적인 이유는 고대 그리스가 노예제 사회였기 때문이다. 노예제 사회에서 노동은 전적으로 노예의 몫이다. 노예가 아닌 사람은 노동을 하지 않는다. 그렇기에 고대 그리스인들에게 노동은 정신을 야만스럽게 만들고 예의범절에 맞지 않는 행동을 하도록 만드는 야만의 징표였다. 그리스인들은 노동이 사람을 노예로 만들어 타인의 의지에 종속시키며 영혼을 타락시킨다고 보았다. 그들에게 노동은 이성적인 사고를 막고 궁극적인 삶의 목표를 찾지 못하게 하는 방해물에 불과했다.

고대 그리스에서 일을 한다는 건, 자유로운 신분이 아니라는 표시였다. 반면 자유로운 사람은 일을 하지 않아도 되는 사람을 의미했다. 노동은 사람의 의무가 아니었다. 고대 그리스에서 노예란 말을 할 줄 아는 동물에 불과했다. 고대 그리스에서 '인간다움'은 '노동하지 않음'과 동의어였다. 노동을 중요하게 여기는 현대인들과 달리 고대 그리스인들은 "필요에 의해 필연적으로 수행하는 신체의 노동은 노예적이라는 확신"[16]을 지녔다. 고대 그리스의 철학자 아리스토텔레스는 인간 활동은 필연의 영역인 노동보다는 자유의 영역인 여가를 종착점으로 간주해야 한다고 생각했다.[17]

고대적 해석에 따르면 노동은 필연성에 지배받는 인간의 행동에 불과하기에 노동에 종속되는 것은 필연성에 종속되는 것이며 노예로 전락한다는 것을 뜻했다. "고대 철학자들은 노동에 대한 경멸을 가르치며 노동은 자유인을 타락시킬 뿐이라고 설파했으며, 시인들은 신들이 보내 준 선물인 게으름을 찬미했다."[18] 아리스토텔레스는 한 술 더 떠 일이란 가능하면 노예들에게 떠맡겨야 하며, 이득을 얻기 위해 하는 일은 그 자체가 저주라고 믿었다. 아리스토텔레스는 육체노동을 굳이 감내해야 할 필요가 없다고 여겼기 때문에 평생 일을 하지 않았고, 여가를 즐기기 위해 타인을 노예로 삼는 행위를 그르다고 보지 않았다. 이런 점에서 보면 아리스토텔레스는 고대 노예제 사회를 기반으로 한 철학자다. 그는 노예제 자체를 전혀 문제 삼지 않았다.

그는 가난과 굶주림, 물질적 필요 때문에 어쩔 수 없이 일해야 하는 삶에서 벗어나 하는 일 없이 빈둥거리는 삶을 존경하고 찬양했다. 그리고 어쩔 수 없이 노동해야 하는 삶을 노예의 삶이라 깔보아 업신여겼다. 아리스토텔레스에게 여가는 하층계급과 노예를 생산 수단화한 사람만이 누릴 수 있는 고귀한 현상이었다. 여가를 즐긴다는 것은 소수의 지배계급에 속한다는 표시였다. 그래서 귀족들은 나태함을 즐겼다. 나태함은 귀족의 속성이었다. 심지어 그들은 노동을 부끄럽게 여겼고, 스포츠와 오락, 놀이를 하며 시간을 소비했다. 그들은 직업도 없이, 한가롭게 무위도식을 즐겼다.[19]

그리스인들은 한가로운 사람만이 도덕적으로 인간의 이상에 부합하기에 완전한 시민이 될 수 있는 자격을 지녔다고 생각했다.[20] 이런 점에서 노동을 해야 하는 노예는 시민 대접을 받을 수 없었다. 노동이 노예의 행위라면 노동을 하지 않는 상태, 즉 여가는 귀족의 행위였다. 고대 그리스인들은 여가를 자유인만이 누리는 삶의 기초라고 생각했다. 그랬기에 그들이 여가 활동으로 간주하는 활동은 지극히 제한적이었다. 여가는 아무나 누릴 수 없다고 생각했기 때문이다. 아리스토텔레스는 음악과 명상만이 여가의 자격을 갖춘 활동이라 생각했다. 그중에서도 특히 명상은 고대 그리스인들이 가장 이상적이라고 여긴 여가 활동이었다. 귀족들이 명상을 하고 있는 동안 비천한 노예들은 노동을 했다. 노예제에 기초한 고대 그리스 사회의 모습은 그랬다.

디오니소스와 헤라클레스의 술 시합

고대 그리스에서 귀족들은 신의 선물인 게으름을 찬미했다. 그들은
음악을 듣거나 놀이를 하며 시간을 보냈다. 그들에게 노동은 노예의 행위며,
여가는 귀족의 행위였다. 침대에 비스듬히 누운 디오니소스, 한복판에 앉아서
호기롭게 술잔을 들이켜는 헤라클레스, 왼쪽에 탬버린을 연주하는
여자의 모습에서 당시 귀족들의 생활상을 엿볼 수 있다.

모든 사람들이 열심히 일하지는 않는다

우리는 일을 왜 할까? 아니 일을 왜 해야만 할까? 많은 사람들은 지금은 고통스럽지만, 우리가 열심히 일을 하면 언젠가는 일을 덜 해도 되는 상태에 도달하리라는 꿈을 지니고 있다. 사실 이런 꿈이 있기에 사람들은 일을 견딜 수 있을지도 모른다. 보통 사람들은 자신이 일에서 해방되는 시점을 미래로 잡기에, 과거에는 현재보다 훨씬 더 고통스러운 일에 시달렸으리라 생각한다. 하지만 놀랍게도 그렇지 않다. 자본주의적 시장경제가 자리를 잡지 않은 사회에서는 자본주의적 시장경제가 자리 잡은 사회에서처럼 열심히 일하지 않는다고 한다.

한 연구에 따르면 원시적 생계 경제 속에 사는 사람들은 우리처럼 그렇게 열심히 일하지 않는다. 파푸아뉴기니의 카파우쿠족은 일을 이틀 연속으로 하지 않는다. 아프리카의 부시맨도 하루에 6시간 이상 노동하지 않는다. 또한 오스트레일리아의 원주민과 남대서양의 샌드위치 제도에 살고 있는 사람들도 하루 4시간 이상 일하지 않는다.[26] 이러한 사실에서 우리는 우리를 둘러싸고 있는 노동에 대한 강박은 시장경제 체제와 밀접한 관련을 맺고 있다고 추측해 볼 수 있다. 즉 노동에 대한 강박은 인간의 본성이라기보다 시장경제 체제에 인간들이 적응하면서 나타난 관습인 것이다. 시장 체제와 산업혁명이 완전히 꽃을 피운 후에야 사람들은 엄격하고 규칙적인 일정에 맞춰 일하기 시작했고, 하루 대부분의 시간을 노동에 쏟아붓게 되었다. 시장 체제는 사람들이 고된 노동으로 점철된 삶을 살도록 만든 것이다.[27]

자본주의가 발생하기 이전에 사람들은 한가로웠다

"시간이 돈이다."라는 말이 있다. 왜 이런 말이 생겼을까? 이 주장처럼 시간은 인류에게 항상 중요한 경제적 자본이었을까? 시간이 경제적 자본이 되기 위해서는 시간이 부족하다는 전제가 있어야 한다. 과연 시간은 부족한 것일까? 시간은 사회적 관습에 따라 부족하기도 하고 넉넉하기도 하다. 또한 시간은 개인의 처지에 따라서 부족하게 느껴지기도 하고 넘쳐 난다고 생각될 수도 있다. 한창 바쁘게 일하는 30~40대 직장인들에게 세상에 부족한 건 '시간'이다. 반면 실업의 상태에 처해 있거나 취업하지 못하고 놀고 있는 이른바 백수, 그리고 은퇴한 사람들에게 없는 것은 돈이지만 있는 것은 시간이다. 우리가 살고 있는 사회에서 시간 없음은 능력 있다는 뜻이지만, 근대 사회 이전에 시간이 부족하다고 느끼는 사람은 능력 없는 사람이었다.

고대적 관습에서 보자면 한가함은 귀족이라는 표시다. 귀족만이 한가한 사람이 될 수 있다. 그런데 어느 순간 '한가한 사람'은 백수와 같은 뜻이 되어 버렸다. 한가한 사람이라는 단어는 긍정적인 뜻에서 매우 부정적으로 바뀌었다. 우리는 보통 바쁜 사람은 능력 있는 사람이라고 생각한다. 그래서 사람들은 자신의 능력을 입증하는 방법으로 자기가 얼마나 시간에 쪼들리고 있는지 들먹거린다. 재미있는 사실은 이른바 시간경제학의 등장은 매우 근대적 현상이라는 점이다. 근대 사회가 출현하기 이전까지 사람들은 그다지 바쁘지 않았다. 아니 바쁠 이유가 없었고, 바쁘지 않아도 되었다. 근대 이전의 사회에서 바쁘다는 건 노예나 머슴이라는 뜻이었다. 그러니 바쁘다는 건 지금 우리가 생각하는 것처럼 능력 있음의 표시가 아니라 종속되어 있음의 뜻이었다.

문헌에 따르면 고대 이집트인들은 일 년에 고작 70일 정도만 일을 했다고 한다. 현대적 기준에서 보자면 고대 이집트인들은 연간 300여 일에 달하는 휴가를 즐겼던 셈이다. 고대 아테네인들은 연간 50~60회 정도 여러 날에 걸쳐 축제를 벌였다. 고대 그리스의 달력에 따르면 일 년 중 109일은 재판이나 정치적인 일을 하지 않도록 법적으로 금지된 날이었다.

고대적 관습은 중세 시대까지 이어졌다. 교권이 지배했던 중세 시대에는 각종 종교 관련 축일로 넘쳐 났다. 주일과 크리스마스, 부활절, 특정한 성인들의 날, 축제, 그리고 그 사이에 계절 축제와 정치적 축제, 결혼축하연과 기념 철야제 등이 있었기에 중세 영국에서는 연간 3분의 1 정도가 여가 시간이었다.[28] 프랑스의 경우 대혁명 이전에 노동자들은 거의 일 년의 절반에 해당되는 휴일을 보장받았다고 한다. "구체제에서 교회법은 노동자들에게 90일의 휴일, 52일의 일요일과 38일의 공휴일을 보장했는데, 이 기간의 노동은 엄격히 금지되었다."[29] 이 주장이 사실이라면, 근대 이전 사람들은 한마디로 게을렀다.

전근대 사회에서 인간의 삶은 자연의 순환과 밀접하게 연결되어 있었다. 평범한 '그'는 해가 뜨면 들에 나가 일을 시작했다. '그'는 해가 서산으로 기울기 시작하면 집으로 돌아왔고, 어두워지면 잠자리에 들었다. 겨울에는, 씨를 뿌려야 하는 봄이나 싹이 제대로 뿌리를 내리고 성장하도록 돌봐야 하는 여름, 서리가 내리기 전에

〈추수〉
피테르 브뢰겔, 1565년

자본주의적 시장경제가 지배적으로 자리 잡기 전에는 사람들이
계절에 맞춰 간헐적으로만 일했다. 근대 사회가 출현하기 이전까지
사람들은 그다지 바쁘지 않았던 것이다. 그들은 계절에 맞춰 노동하지만,
노동하는 중간에도 힘들면 이 그림처럼 눕거나 앉거나
음식을 먹거나 잠을 자기도 했다.

곡식을 거둬들여야 하는 가을처럼 분주하게 일하지 않아도 됐다. 겨울 내내 '그'는 한가롭게 여가를 즐겼다. 어쩌다 술판이 벌어지면, 코가 비뚤어지도록 술을 마셔도 상관없었다. 굳이 다음 날 자명종에 맞추어 일찍 일어날 필요가 없었기 때문이다. '그'는 일어나고 싶을 때 일어났다. '그'에게 '시간에 맞추어'나 '정확한 시간에'와 같은 단어는 '진보', '생산성'이나 '근면' 같은 개념만큼이나 낯설었다.

 자세히 들여다보기 --

노동 개념에 남아 있는 고대의 흔적

노동을 전혀 긍정적인 개념으로 받아들이지 않았던 고대의 관습은 노동과 관련된 서양 언어에도 흔적을 남겼다. 노동을 의미하는 고대 그리스어 포노스(ponos)는 슬픔이라는 뜻을 갖고 있다. 현대 그리스어에서도 포노스에서 파생된 단어 ponei는 고통과 상처를 의미한다. 슬픔을 나타내는 라틴어 포에나(poena)의 어원 또한 노동을 뜻하는 그리스어다. 히브리어에서 일을 나타내는 단어와 노예를 나타내는 단어는 동일하다.[21] 라틴어로 일을 의미하는 단어 labor는 고통이 수반되는 극도의 노력이라는 뜻이다.[22]

노동(Labour)이라는 단어는 14세기 영어에 최초로 등장했다. 이 단어는 짐을 메고 미끄러지거나 비틀거리는 것을 의미했다.[23] 라틴어 labor는 labare(짐을 진 채 비틀거리면 걷다)와 어원적으로 뿌리를 같이하며 수고, 고뇌, 곤란이라는 의미를 포함하고 있다. 프랑스어인 travailles는 예전에 사용되었던 labourer를 대신하는 단어로 매우 부담스러운 과제라는 뜻을 갖고 있다. 이 단어는 라틴어 tripalium에 뿌리를 두고 있는데, tripalium은 원래 로마군이 사용했던 고문 도구의 하나로 세 개의 말뚝을 가리키는 말이며 슬픔과 고통을 뜻한다. 이 단어는 고문을 뜻했는데, 그 후 다시 '일'이라는 의미로 변화했다. 또한 중세 독일어로 노동이라는 뜻을 지닌 Arbeit는 시련, 박해, 역경, 곤경으로 해석된다.[24]

여가를 의미하는 단어들을 살펴보면 매우 흥미로운 사실이 발견된다. 그리스어로 여가라는 단어는 스콜레(skole)이며, 라틴어로는 오티움(otium)이다. 그리스어와 라틴어 모두 일을 뜻하는 단어는 여가를 뜻하는 단어의 부정형이다. 일이라는 뜻의 아스콜리아(ascholia)와 네고티움(negotium)은 둘 다 '여가가 아닌 것'을 의미한다. 이것은 에스파냐어에서도 마찬가지다. 일을 뜻하는 에스파냐어 네고시오(negocio)는 여가가 아닌 것을 가리키는 말이다. 그리스어, 라틴어, 에스파냐어 모두 여가가 마치 생활의 중심인 것처럼 일을 여가와 관련시켜 비유한다.[25]

자본주의와 노동의 지위 변화 

게으른 사람들을 부지런하게 만들자!

자본주의적 시장경제가 지배적으로 자리 잡기 전에 사람들은 계절에 맞춰 간헐적으로만 일했다. 그랬던 사람들이 자본주의가 도래한 후 갑자기 연간 52주, 일주일에 6일, 즉 주당 70~80시간을 쉴 새 없이 일해야 했다. 자본주의 체제에서 노동 시간이 가장 길었던 때에는 중세 시대에 비해 200~300퍼센트나 더 오래 일해야 했다.[30]

초창기 자본주의의 공장 노동자들은 중세적 한가로움의 습관을 여전히 지니고 있었다. 공장 제도가 자리 잡기 위해서는 중세의 여유 있는 태도를 지닌 사람들을 근대인으로 개조해야 했다. 공장이라는 작업 공간은 중세적 공간에서 요구했던 노동의 방식과는 완전히 다른 새로운 노동 방식을 요구했다. 공장은 대규모의 사람들이 동시에 작업장에 나타나고, 동시에 일을 하기 시작할 때 움직일 수 있는 시스템이었다. 자본제적 공장은 새로운 노동 방식을 요구했다. 자본제적 공장은 대규모의 노동자들이 동시에 '정확한 시간'에 '지정된 장소'로 집합할 경우에만 차질 없이 운영될 수 있었다. 자본주의적 공장 제도가 성공적으로 운영되기 위해서 전근대적인 인간은 근대적 시간 의식과 노동윤리로 무장한 인간으로 개조되어야 했다.

공장제 노동의 초창기만 하더라도 노동자들은 전근대적 노동 방식으로 일했다. "비록 노동자는 낮은 임금을 보충하기 위해 집에서는 장시간 노동해야 했지만 자기 마음대로 일을 시작하고 끝낼 수 있었으므로 규칙적인 노동시간은 없었다. 자기 마음대로 일을 나누어 하거나, 오고 가고, 휴식을 하고, 마음만 먹으면 며칠 동안 게으름을 부릴 수도 있었다."[31] 하지만 자본가들은 나태하고 방만한 노동관습을 용납할 수 없었다. 자본가들은 노동자들에게 근대적 시간 개념을 주입하기 위해 엄격한 규율을 제정하고 노동자들에게 강요했다. 한 공장에서 시행되었던 규율의 사례를 보면 자본가들이 노동자들에게 자본주의적 공장이 요구하는 원리를 주입하기 위해 얼마나 세심한 노력을 기울였는지를 알 수 있다.

지각에 대해서는 벌금이 부과되었으며 휴식에서 돌아오는 것, 작업장을 자기 멋대로 떠나는 것, 작업장에서 잡담을 하는 것 등과 그 밖의 잡다한 경영 규정의 위반 사항(예컨대 공장 대지를 저주하는 것)에 대해서도 마찬가지로 벌금이 부과되었다. 시간의 경제적 활용, 즉 정확한 시간에 작업장에 출석해야 한다는 것을 강조하기 위해 많은 공장에서는 노동자들이 들어온 다음 공장 문을 잠가 버렸다. 지각한 사람은 벌금을 물어야 했을 뿐 아니라 그날의 일당까지 포기해야 했다.[32]

노동하는 사람이 노동의 시작과 중단을 임의로 결정할 수 있었던 전근대적 사회의 노동 리듬은 근대적 공장 제도 안에서는 부적합했기에, 산업화 초기의 공장에서는 전근대적 시간 리듬에 익숙해져 있는 노동자에게 '시간은 금'이라는 윤리를 체화시켜야만 했다. 공장은 전근대적 시간 관습을 유지하려는 노동자와 새로운 시간 관습을 노동자들에게 불어넣기 위한 자본가의 시도가 치열하게 경합하는 장이었다.

우리가 초등학교에 처음 입학했을 때의 경험을 생각해 보자. 초등학교에 입학하기 전에는 보통 성인들처럼 시계에 맞춰 생활하지 않는다. 갓난아이는 낮이든 밤이든 자고 싶을 때 자고 일어나고 싶을 때 일어난다. 사람들은 점차 성장하면서 시간의 체계에 자신의 생활을 맞추어야 한다. 초등학교 입학은 이런 점에서 개인이 성장하는 과정 속에서 부딪히는 대전환이다.

초등학교에서 우리는 처음으로 근대적 시간 체계의 규율을 경험하게 된다. 초등학교에 입학하기 이전 우리는 생리적 욕구를 시간에 맞춰 해결하지 않았다. 화장실은 생리적 욕구를 느끼면 언제든지 갈 수 있었다. 하지만 초등학교에서는 다르다. 초등학교에서는 40분이 수업 시간이고 10분이 휴식 시간인데, 수업시간에 할 수 있는 행위와 휴식 시간에 할 수 있는 행위는 엄격하게 구분되어 있고 반드시 그 규칙을 지켜야만 한다. 화장실은 휴식 시간에만 갈 수 있다. 정해진 시간에 화장실을 다녀온 경험이 없고, 그러한 시간 체계를 익히지 못한 초등학교 입학생들은 좌충우돌할 수밖에 없다. 바로 우리가 초등학교 때 경험했던 그런 '대전환'의 곤란을 자본주의가 발생하던 시기의 노동자들도 경험했던 것이다.

현대인들은 시계가 없으면 불안을 느낀다. 시계 없이는 약속을 정확하게 지킬 수 없기 때문이다. 그래서 우리는 밤 9시 뉴스 직전에 9시를 알리는 방송이 나올 때 무의식적으로 시계를 쳐다본다. 시계가 정확한지 확인하기 위해서다. 시계는 일종의 훈련 도구다. 한 철학자는 그래서 자명종의 기능에 대해 이렇게 말했다.

자명종은 우리를 지배하기 위해 우리 자신이 도입한 깨어 있는 시간 법정이라는 냉엄한 기능을 지닌다. 자명종은 다양한 방식으로 우리를 놀라게 하면서 우리 자신이 부과한 시간 규율이 우리 본연의 삶의 리듬, 그리고 우리의 진실한 욕구와 충돌한다는 것을 규칙적으로 깨닫게 한다. 자명종은 잠이라는 시간을 초월한 상태에서 시간적 의무가 있는 일상의 영역으로 우리를 갑자기 몰아넣는다. 그것은 우리의 규율 없음을 상기시키며, 우리가 규율을 지키도록 훈련하지 않는다면 삶이 얼마나 달라질 수 있는지를 생각하게 하는 자기 강요 기구이다. 거의 매일 우리는 훈육 기구인 자명종을 통해 인간의 불완전함을 체험한다. 인간은 스스로 깨어날 수 없다. 인간은 깨워져야 한다. 그리고 이러한 체험을 인간은 벌써 오래전부터 해야만 했다. 그것은 항상 개인의 욕구 본능이 낯선 것에 지배받는다는 점을 깨닫게 하는 고통스런 체험이다.[33]

근대는 기존의 모든 관습과 전통을 뒤엎으면서 탄생했다. 노동은 근대로 접어들면서 지위가 뒤바뀐 대표적인 인간 행동이다. 근대는 "모든 전통을 뒤엎고, 행위와 관조의 전통적 지위뿐만 아니라 활동적 삶 내의 전통적 위계 구조를 뒤엎으며, 모든 가치의 원천인 노동을 예찬하고 노동의 동물을 이성적 동물이 차지했던 지위로 상승"[34]시켰다.

존 로크와 애덤 스미스가 노동을 모든 부의 원천으로 주장하면서 격상되기 시작한 노동의 지위는 마르크스에 와서 절정에 도달했다. 노동은 가장 낮고 미천한 위치에서 "인간의 활동 중 최고이자 가장 높은 지위로 갑작스럽고도 눈부시게 상승"[35]하였다. 노동은 더 높은 목적을 달성하기 위한 수단이며, 무언가를 이루는 행위이자, 주어진 어떤 구조를 더 높은 다른 구조로 변형시키는 행동으로 재조명되었고, 그래서 인간이 자연에 맞서 자신의 존재를 확인하는 활동으로 한껏 격상되었다.

언젠가부터 갑자기 노동이 중요해졌다

노동은 노예의 활동에서 갑자기 인간의 가장 중요한 활동으로 떠올랐다. 노동의 지위가 격상되면서 동시에 '근면'은 가장 중요한 인간의 덕목으로 간주되기 시작했다. 이로부터 근대적 대전환이 일어난다. 근면은 대전환의 핵심 키워드였다.

자본제적 공장은 근면성을 가르치는 근대의 학교였다. 근대적 근면성을 주입하기 위해서는 관심의 대상이 공장에만 국한되어서는 소용없었다. 공장이 아무리 근면성의 학교로 기능한다고 하더라도 퇴근 후 노동자들이 근면성의 원리에 따라 생활하지 않는다면, 바로 그 다음 날 공장에서의 일에 나쁜 영향을 주기 때문이다. 그래서 노동의 지위가 격상됨에 따라 사적 영역에 대한 공적 관심

〈아이들의 놀이〉
피테르 브뢰겔, 1560년, 부분

노동에 대한 강박이 지배하는 곳에서 즐거운 놀이, 쾌락, 섹스는 통제받는다.
전근대적 쾌락 원리가 근대적 현실 원리에 의해 제압당한다.
그림 속 사람들은 돼지 방광, 모자, 통, 굴렁쇠 등을 장난감 삼아
신나게 놀고 있다. 우리들 마음속에 동경으로 남아 있는 쾌락 원리를
다시 일깨울 수 있을까? 이 그림처럼…….

'5개년 계획을 4년 내에 달성하자'

노동은 근대로 접어들면서 가장 낮고 미천한 위치에서 인간의 활동 중
최고의 지위로 갑작스럽고도 눈부시게 상승한다.
모든 부의 원천으로 칭송되기 시작한 노동의 지위는 마르크스에 와서
절정에 도달한다. 그림은 구소련에서 새로운 사회 건설의 원동력으로서
노동을 적극 장려하는 포스터다.

또한 동시에 증대했다. 공적 담론의 대상이 아니었던 '사생활'은 이제 노동윤리에 따라 통제되고 규제되어야 하는 공적 영역으로 변화되었다.

흔히 우리는 섹스는 철저한 개인의 영역이라 생각한다. 그리고 퇴근 후 노동자들이 어떤 오락을 하면서 휴일을 보내든 상관할 바가 아니라 여긴다. 하지만 섹스와 오락은 더 이상 사생활이 아니었다. 섹스와 오락은 공적 관심사가 되었다. 쾌락은 금욕주의의 윤리와 어긋날 뿐만 아니라 효과적인 자본주의적 재생산 과정에 배치되는 행위였기에 쾌락에 대한 사회적 조절과 통제는 매우 중요했다. 섹스는 노동력의 재생산을 위해서만 허락되며, 쾌락을 목적으로 하는 섹스는 금욕주의적 노동윤리에 배치되는 행동으로 취급받기 시작했다.

이제 '그'는 내일의 신성한 노동을 위해 집으로 돌아간 뒤, 지나친 쾌락에 빠지지 말아야 했다. 일이 끝난 후에 지나치게 술을 마시는 행위나 생식을 목적으로 하지 않는 섹스에 탐닉하는 건 '생산성' 향상의 적이며 악마의 유혹에 빠졌다는 증거로 취급받았다. 새로 주입된 생활 습관을 통해 전근대적인 '그'는 노동 중심 윤리를 내재화한 근대적 인물로 재탄생하였다. 근대적 현실 원리가 전근대적 쾌락 원리를 압도하는 대전환은 이렇게 이루어졌다.

거대한 전환은 강제적으로만 이루어졌을까?

만약 한가로운 중세에서 노동을 숭상하는 근대로의 전환이 외적 강제에 의해서만 이뤄졌다면, 사람들은 그것을 고분고분 받아들였을까? 대전환은 외부에서 특정한 규율을 강제한다고 이뤄지지 않는다. 대전환이 일어나기 위해서는 외적인 강제와 더불어 자발적인 동의가 있어야 한다. 막스 베버가 대전환을 설명하는 방식은 매우 독특하다. 마르크스가 자본주의의 제도적 조건에만 주목한다면, 베버는 합리적 자본주의가 출현하기 위한 문화적 조건과 경제적 조건을 구분한다.

합리적 자본주의라는 경제 체제가 나타나기 위해서는 전통적인 사회의 가치 체계와는 구별되는 새로운 합리적 정신을 지닌 집단이 출현해야 한다. 새로운 가치관을 지닌 집단의 등장은 자본주의가 출현하기 위한 문화적 조건이다. 또한 자본주의가 출현하기 위해서는 상공업의 발달과 화폐 제도의 도입과 같은 제도적 변화가 필요하다. 이 두 가지 요소는 각각 개별적으로 발생할 수 있으나, 이 두 가지가 결합될 때에만 혁명적인 변화가 나타날 수 있다. 만약 이 두 가지 요소 중 어느 하나만 없어도 합리적 자본주의는 나타날 수 없다.[36]

문화적 조건과 경제적 조건 사이의 조합이 빚어내는 관계의 수는 네 가지다. 근대적 대전환이 일어날 수 있는 문화적 조건과 경제적 조건이 모두 결여되어 있는 경우가 있고, 경제적 조건은 있지만 문화적 조건이 없는 경우도 있다. 또한 문화적 조건은 있지만 경제적 조건이 없는 경우도 생각해 볼 수 있다. 이러한 세 가지 경우에 대전환은 일어날 수 없다. 대전환이 일어나기 위해서는 문화적 조건과 경제적 조건이 모두 충족되어야 한다. 따라서 경제적 조건의 충족 여부에만 관심을 두는 마르크스와 달리 베버는 물질적 조건의 충족을 전제로 해서 문화적 조건의 충족에 관심을 기울이게 된다. 바로 이 지점에서 베버는 마르크스의 관심과 구별된다.

베버는 근대적 노동윤리가 헤게모니를 구축하는 과정에 주목한다. 헤게모니란 외적 강제에 의한 지배와는 구별되는 자발적 동의를 수반한 지배를 말한다. 베버는 근대적 노동윤리를 외적으로 강제된 것만으로 이해하지 않고 자발적 복종에 의해 탄생했다고 해석한다. 베버는 내적 강제력에 관심을 둔다. 자연스럽게 베버의 관심은 근대적 대전환을 가능하게 한 내적 강제력의 모태가 된 문화적 조건을 탐색한다. 그래서 그는 프로테스탄티즘으로 시선을 돌렸다.

베버는 근대적 노동윤리는 문화의 매개, 특히 17세기의 칼뱅주의 프로테스탄트 분파와 다양하게 연관된 종교적 문화의 매개를 통해 출현했다는 가설을 세웠다. 즉 프로테스탄트 윤리가 근대적 노동윤리의 모태라는 것이다. 베버는 프로테스탄트 윤리가 지속적이고 체계적인 자본 투자에 기반을 둔 경제적 행위를 포섭하면서, 그리고 노예가 아니라 형식적으로 자유로운 노동을 고용하면서 이윤을 창출하는 변별적 유형으로서의 자본주의를 만드는 데 일조했다고 생각했다.[37] 프로테스탄티즘은 근대적 대전환을 가능하게 한 문화적 요인이었으며, 근대인들에게 내적 강제력을 부여한 동인이었다.

베버의 주장을 받아들인다면, 우리는 근대적 대전환의 모태인 프로테스탄티즘의 출현 과정에 주목해야 한다. 이제 우리의 관심은 프로테스탄티즘을 배태한 종교개혁을 향한다.

근대를 향한 대전환과 종교개혁 5

현재 기독교는 가톨릭과 개신교(프로테스탄트)로 나누어져 있다. 분리가 일어나기 전까지 기독교는 하나의 종교였다. 종교개혁을 통해 개신교는 가톨릭과 분리되어 독자적인 세계를 구성했다. 종교개혁은 종교 세계의 변화만을 유발하지 않았다. 종교개혁의 파장은 종교적 범위를 넘어선다. 종교개혁은 근대라는 새로운 시대의 시작을 알리는 신호탄이었다. 종교개혁은 중세 세계에 종지부를 찍었으며, 종교개혁이 있었기에 근대는 출현할 수 있었다. 베버도 종교개혁의 이러한 성격에 주목한다. 베버는 『프로테스탄트 윤리와 자본주의 정신』에서 종교개혁을 근대의 출현이라는 커다란 틀 속에서 분석한다.

가톨릭에 항의하는 집단이 출현하기 시작하다

서양 중세 시대의 권력은 이른바 교권(敎勸)과 속권(俗權)으로 이중화되어 있었다. 로마 바티칸의 교황은 교권의 정점에 서 있는 인물이었으며, 교권은 속권을 압도했다. 로마 교황청은 중세 서유럽의 정치 질서를 규정하는 절대 권력이었다. 중세 시대 가톨릭 사제들의 지위는 현재와는 매우 달랐다. 성직자들은 막강한 특권 세력이었고, 교회는 특권 세력의 집결지였다. 특권 세력의 집결지인 교회에 대한 사람들의 불만은 중세 후기에 접어들면서 점차 커지기 시작했다. 교회는 배부르지만 평범한 사람들은 굶주리는 모순적 상황이 점차 심화되었기 때문이다.

성직자들이 얼마나 호사스러운 생활을 했는지를 알 수 있는 기록이 있다. 에버린 폰 구엔츠부르크라는 사람이 작성한 '독일에 돈이 없는 이유'라는 팸플릿에는 가상의 여행객인 요르그 라이헤르가 종교개혁 이전의 성직자를 묘사한 글이 실려 있다. 이 글에서 가톨릭 성직자들은 노동도 하지 않으면서 사치스러운 생활을 탐닉하는 사람이며, 면죄부를 팔아 그에 필요한 돈을 획득하는 부도덕한 집단으로 묘사되어 있다.

모든 나라, 도시, 촌락, 장원, 가정에서, 때와 장소를 막론하고 모든 수단과 기회를 동원하여 하나님과 그의 성자들은 우리들에게 와서 구걸하기를 "적선하시오, 적선하시오" 하고 부르짖었다. 이들의 애원에 감동한 우리는 이들에게 우리의 재산과 생명까지 내놓았다. (……) 결국 우리는 하나님과 그의 성자들은 물론 그들의 수많은 하인 및 헤아릴 수 없이 많은 탁발 수도사, 교구 사제, 수도승, 수녀 등과 같은 집단 전체를 부양하게 되었다. 그런데 이들은 모두 마땅히 해야 할 노동은 하지도 않은 채, 호사스런 제후들처럼 쾌락적이고 풍요로운 삶을 누리고자 하였다. 이 같은 생활은 많은 부와 재화를 필요로 하는데, 이들은 자신들이 하나님의 종이기 때문에 이런 부귀영화를 누릴 자격이 있다고 주장했다. 그러나 이들은 이미 호사스러운 생활 덕분에 자신들이 스스로 하나님과 필적할 수 있게 되었다고 생각했다. 이들은 경건성과 거룩함이 충만하기 때문에, 자신들이 은혜를 베풀면 우리들 역시 거룩해질 수 있다고 주장했다. 또한 이들은 면죄부를 무한히 많이 가지고 있기 때문에, 자기들에게 적은 비용의 수수료만 내면 뭇 영혼을 연옥에서 구원할 수 있다고 주장했다. 심지어 이들은 영혼이 연옥에서 지내야 하는 시간을 계산해 내는 특수한 책도 가지고 있었다.[38]

부패한 가톨릭에 대한 사람들의 불만은 중세 말엽에 접어들면서 곳곳에서 노골적으로 그리고 집단적으로 터져 나오기 시작했다. 가톨릭의 부패에 항의하는 집단은 중세 권력의 핵심이었던 교권의 정당성에 도전하기 시작했다. 가톨릭의 특권에 기초한 중세 질서에 저항하는 사람을 지칭하는 단어가 바로 개신교의 또 다른 이름인 프로테스탄트(protestant)다. 프로테스탄트라는 이름 자체가 이 집단의 성격과 지향을 잘 말해 준다.

1529년 슈파이어 의회에서 로마 가톨릭 계열의 독일 제후들이 신성 로마 제국의 황제 카를 5세와 함께 루터 추종자들에게 펼쳤던 관용 정책을 무효화했는데, 프로테스탄트는 이때 이 방침에 항의하는(protest) 집단을 지칭하기 위해 처음으로 사용되었다. 하지만 이 용어는 점차 중세 질서와는 다른 질서를 지향하는 집단이라는 의미를 획득하기 시작했다. 프로테스탄트가 중세 질서에 대한 단순한 항의에서 벗어나 새로운 종교적 해석과 그에 근거한 사회 질서의 구축을 목표로 삼기 시작했기 때문이다. 이 같은 프로테스탄트의 움직임은 종교적 변화뿐만 아니라 사회 변동을 촉발했다.

마르틴 루터, 종교개혁의 포문을 열다

중세 가톨릭의 질서에 항의하는 최초의 종교적 움직임은 마르틴 루터에서 시작된다. 루터는 1483년 11월 10일에 태어났다. 종교적 분위기에서 자라난 루터는 1497년 마크데부르크의 성당학교에 들어갔다가, 1498년 아이제나흐의 성 게오르크 신부 학교로 옮겼다. 1501년부터는 에르푸르트 대학 인문학부에서 학업을 시작하였고, 1505년 대학을 졸업했다. 그 뒤 루터는 아버지의 뜻에 따라 법학 공부를 시작하였다. 1505년 6월 2일 그의 인생에서 대전환의 계기가 되는 사건이 벌어졌다. 전하는 말에 따르면 루터는 부모를 방문하고 학교로 돌아오는 길에 폭우를 만났다고 한다. 무서운 폭우 속에서 루터는 번개의 위력을 실감하는 사건을 경험했다. 번개가 루터의 바로 옆에 떨어진 것이다. 이 순간 루터는 거대한 힘의 위대함을 실감하고, 이후 수도사가 되기로 결심했다고 한다.

부모는 반대했지만, 루터는 결심을 실행에 옮겼다. 루터는 1507년 사제가 되었고, 1508년부터 비텐베르크 대학 인문학부에서 강의를 시작했다. 바로 이 시기에 로마 가톨릭은 베드로 성당 신축 자금을 마련하기 위한 방편으로 면죄부를 발행하기 시작했다. 면죄부란 금전이나 재물을 바친 자에게 죄를 면하여 주는 뜻으로 교황이 발행했던 증서다. 금전을 대가로 죄를 면하게 해 준다는 증서 판매를 받아들일 수 없었던 루터는 면죄부 판매에 대해 침묵할 수 없었다. 그는 용감하게도 1517년 10월 31일 로마 교황의 면죄부 판매에 항의하는 '95개 논제'[39]를 써서 비텐베르크에 있는 캐슬 교회의 문 앞에 붙였다. 루터조차도 '95개 논제'가 종교개혁을 유발하리라고는 예상하지 못했지만, 루터의 반박문은 종교개혁이라는 큰 전환을 알리는 시발점이 되었다.

가톨릭의 입장에서 루터는 여러 가지로 위험한 인물이었다. 로마 교황 레오 10세는 루터의 행동을 문제 삼아 파문 칙령을 내렸다. 하지만 루터는 교황이 보낸 파문 칙령을 받자마자 불태워버렸다. 1521년 4월 보름스에서 신성로마제국 황제 카를 5세가 '95개 논제'의 주장을 철회할 것을 요구했지만, 루터는 이를 거절했다. 1521년 4월 18일, 루터는 자신의 신념을 조금도 굽히지 않으며 다음과 같은 유명한 말을 남겼다.

성서의 가르침이나 명백한 이유에 의해서 내가 틀렸다고 증명되지 않는 한, 나는 내 양심을 저버리지 못하며 신의 말씀을 굳게 고수합니다. (……) 그러므로 나는 그 어떤 것도 철회할 수 없으며 철회하지 않을 것입니다. 왜냐하면 양심에 반해서 행동하는 것은 안전하지도, 그렇다고 유익하지도 않기 때문입니다. 신이시여 나를 도우소서. 아멘.[40]

교황이 보낸 파문 칙령을 불태워 버린 후 루터는 예상되는 탄압을 피해 바르트부르크에 있는 성으로 피신했다. 성에서 숨어 지내며 루터는 성경을 독일어로 번역했다. 번역을 마치고 난 후 루터는 비텐베르크로 돌아와서는 새로운 교회를 건설했다. 이로써 프로테스탄트의 대명사격이 된 '루터파 교회'가 탄생한 것이다. 루터파 교회는 로마 교황청과는 다른 신학 원리를 내세웠다. 루터는 믿음과 성서와 은총을 중요하게 여기는 핵심 교리[41]를 제시했다. 루

루터가 번역한 성경

루터는 라틴어 성경을 독일어로 번역하여 널리 읽히도록 했다.
번역을 마치고 난 후 루터는 새로운 교회를 건설했고, 로마 교황청과는 다른
신학 원리를 내세웠다. 루터에게 인간은 하나님의 말씀에 귀 기울이는
비천한 창조물에 불과하다. 버러지에 불과한 인간은 은총을 통해서만
신의 피조물이 될 수 있다. 은총에 대한 이러한 해석은
자본주의 정신을 배태할 수 있는 토양이었다.

터는 인간과 신의 관계를 가톨릭과는 전혀 다르게 해석했다. 루터에게 인간은 "하나님의 말씀에 귀 기울이는 비천한 창조물"에 불과했다. 그에 따르면 나약한 인간은 신의 은총을 받지 못한다면 버러지에 불과하다.[42] 루터는 은총을 인간과 신을 이어 주는 매우 중요한 매개라 생각했다. 버러지에 불과한 인간은 은총을 통해서만 신의 피조물이 될 수 있다고 여겼기 때문이다. 은총에 대한 루터의 이러한 해석은 가톨릭 신도들과는 구별되는, 자본주의·정신을 배태하는 문화적 지향이 자랄 수 있는 토양이었다.

종교개혁의 쌍두마차 칼뱅

종교개혁과 관련된 인물들은 매우 많지만 베버가 루터와 더불어 주목하는 종교개혁의 인물은 장 칼뱅(1509~1564)이다. 칼뱅은 1509년 7월 10일 프랑스 북부 노르망디 근처에 있는 노와용에서 태어났다. 법률가였던 그의 아버지는 칼뱅이 성직자가 되길 원했다. 1523년 칼뱅은 마르슈 대학에 입학하여 문법과 수사학을 배웠다. 그 후 그는 오를레앙과 파리의 대학에서 인문학과 법학, 신학을 배웠다. 1531년 2월 14일 그는 오를레앙에서 법학사 학위를 취득하였다. 당시만 하더라도 그는 에라스무스(1469~1536)*를 존경하는 평범한 인문주의자였다.

*가톨릭교회 제도에 비판적인 태도를 지닌 네덜란드 수도사. 『우신예찬』을 저술하여 신학자의 공허한 논의, 성직자의 위선 등을 날카롭게 풍자하였다. 그는 교회의 타락을 매섭게 꾸짖고 성서의 복음 정신으로 돌아갈 것을 역설하였다. 그의 제자들 가운데 많은 종교개혁자가 나왔다.

이 무렵 프랑스의 대학에도 종교개혁의 물결이 밀려왔고 칼뱅도 1532년경 프로테스탄트로 전환했다. 칼뱅은 1534년 파리에서 벌어진 프로테스탄트 박해를 목격했다. 프로테스탄트 박해의 발단은 이른바 벽보 사건이었다. 당시 프로테스탄트들은 가톨릭의 부패를 비판하는 벽보를 파리 곳곳에 붙였다. 이 벽보는 매우 반(反)가톨릭적 내용을 담고 있었다. 교황뿐만 아니라 교황의 졸개에 불과한 추기경, 주교, 신부, 수도사들은 위선자며 적그리스도의 부하라고 주장하는 매우 대담한 내용이었다. 이런 벽보가 파리 곳곳에 나붙자 국왕은 격분하여 프로테스탄트들을 모조리 잡아들이라고 명령했고, 여섯 명의 프로테스탄트를 화형에 처했다. 또한 1534년 11월 10일부터 1535년 5월 5일 사이에 24명의 프로테스탄트가 공개적인 장소에서 산 채로 화형을 당했다.

벽보 사건으로 프로테스탄트에 대한 공격이 극에 달하고 있을 즈음, 칼뱅의 친구 니콜라스 콥은 용감하게도 루터파를 옹호하는 설교를 한 뒤 종교적 박해를 피해 도주했다. 칼뱅도 그와 함께 종교적 자유를 찾아 스위스로 도주했다. 제네바에 정착한 칼뱅은 종교개혁의 중심인물로 떠올랐다. 1536년 제네바에서 장로들과 의회가 만장일치로 칼뱅을 목사이자 신학 교사로 선출하였다. 칼뱅은 '교회 법령'이라는 일종의 종교적 헌법을 발표했는데, 이 법령에는 핵심적인 제도 개혁 사항들이 담겨 있었다. 이 법령은 목사, 교사, 장로, 집사 등 교회 내의 네 가지 직무를 정하고 미사를 폐지하고 예배를 설교 중심으로 만들었다. 칼뱅의 개혁으로 가톨릭과 구별되는 프로테스탄트의 성격은 확연하게 드러나기 시작했다.

칼뱅과 예정설

칼뱅의 영향력은 스위스뿐만 아니라 유럽 각지에 파급되어 독일, 네덜란드 및 기타 국가의 개혁파, 프랑스의 위그노파, 스코틀랜드의 장로파, 잉글랜드의 청교도를 탄생시켰다. 칼뱅이 자신의 독특한 견해를 밝힌 『기독교 강요』(*Institution de la Religion*)를 출간한 후 칼뱅주의는 확산되기 시작했다. 칼뱅주의라는 단어는 1550년경에 처음 출현했는데, 이 말은 당시 일종의 욕설이었다고 한다.

칼뱅의 저서는 엄청난 영향력을 발휘했다. 이 저서로 칼뱅은 프로테스탄티즘의 아리스토텔레스이자 토마스 아퀴나스라는 명성을 얻기도 했다. 동시에 이 책을 가톨릭에서는 이단의 코란이자 탈무드라 칭하며 불태워 없애려 하였다.

칼뱅은 루터를 계승하여 성서를 유일한 신앙의 기준으로 삼는 독자적인 사상을 발전시켰다. 칼뱅은 성경의 권위는 절대적이라고 생각하였다. 또한 성경이 자기에게 유리하면 따르고 그렇지 않으면 언제든지 무시해 버릴 수 있는 가벼운 충고 정도가 담긴 책으로 간주하지 않았다. 칼뱅에 따르면 성서는 누구나 그 앞에서는 충실히 머리를 숙여야 할 절대적인 법칙을 담고 있는 책이었다.[43] 성서의 절대 권위에 대한 강조와 더불어 칼뱅은 신의 절대 주권도 강조하였다. 또한 칼뱅은 구원을 받는 자와 멸망에 이르는 자는 이미 신에 의해 결정되어 있다는 '예정설'을 내세웠다. 칼뱅 신학의 독특한 구성 요소였던 예정설은 자본주의 형성에 매우 중요한 심리적 요인으로 작용하였다.

장 칼뱅

1509~1564

칼뱅의 교리는 인간 영혼의 구원이 신에 의해 미리 결정되어 있다는 '예정설'로 불린다. 문제는 내가 구원받도록 예정되었는지 알 수 없다는 것이다. 알 수 없는 상황에서 최선책은 구원에 대한 확신을 잃지 않고 각자의 직업에 최선을 다하는 것이다. 이러한 칼뱅의 주장은 근대 자본주의를 발전시키는 한 요인이 되었다.

외적 화려함을 추구한 가톨릭, 내면성을 지향한 프로테스탄트

종교개혁 운동이 점차 거세짐에 따라 1054년 동서 교회의 분열 이후 로마 가톨릭이 지배하던 서방 교회는 로마 가톨릭과 프로테스탄트파로 분리되었다. 서유럽 중에서도 에스파냐와 이탈리아, 프랑스의 대부분 지역은 로마 가톨릭 지역으로 남았고, 독일, 덴마크, 노르웨이, 스웨덴, 핀란드, 그리고 아이슬란드는 루터파 지역으로 스위스, 네덜란드, 스코틀랜드와 프랑스의 일부는 칼뱅적 개혁 교회 지역으로 변화하였다.

가톨릭의 세계와 프로테스탄트의 세계는 매우 달랐다. 화려한 가톨릭의 세계와 달리, 프로테스탄트의 세계는 소박했다. 가톨릭의 세계는 이미지 중심적이었지만, 프로테스탄트의 세계는 텍스트 중심적이었다. 이러한 차이는 프로테스탄트들이 성경을 강조한 데서 기인한다. 가톨릭과 구별되는 프로테스탄트의 신학 체계는 교회 내부의 모습과 신자들의 일상에서도 매우 커다란 차이를 야기했다. 그 차이점을 가톨릭 세계를 잘 표현해 주고 있는 엘 그레코의 〈오르가스 백작의 매장〉과 프로테스탄트적 분위기가 물씬 풍기는 렘브란트의 〈성가족〉을 통해 비교해 보자.

엘 그레코는 1514년 그리스 크레타 섬에서 탄생한 화가다. 그의 이름 엘 그레코(El Greco)는 '그리스 사람'이라는 뜻이다. 그는 그리스를 떠나 에스파냐로 이주했고, 펠리프 2세의 궁중 화가로 활동했다. 그는 독실한 가톨릭 신자였다. 엘 그레코는 종교적 분위기가 물씬 풍기는 작품을 많이 남겼는데, 〈오르가스 백작의 매장〉은 대표작 중 하나로 꼽힌다. 이 그림은 매우 흥미로운 구도를 보

〈오르가스 백작의 매장〉
엘 그레코, 1588년

엘 그레코의 그림에서는 중세적이면서도 화려한 가톨릭 세계의 분위기가
물씬 풍겨난다. 그림의 윗부분은 천상의 세계가, 아랫 부분은 죽음을 맞이한
오르가스 백작이 있는 현세가 있다. 이는 화려한 교권과 보잘것없는
속권의 세계가 대조되는 중세 가톨릭 세계를 보여 준다.

〈성가족〉
렘브란트 반 레인, 1640년

렘브란트는 '위대한 프로테스탄트 화가'로 불릴 정도로 외면의 화려함보다는
고요한 내면을 표현하는 그림을 많이 그렸다. 누추한 곳에서 마리아가
어린 그리스도를 안고 젖을 먹이고 있는 〈성가족〉은 중세 가톨릭 세계에서
벗어나 내면을 중시하는 프로테스탄트의 분위기를 느끼게 해 준다.

여 준다. 윗부분에서는 천상의 세계가 묘사되고 있으며, 아랫부분에는 대조적으로 죽음을 맞이한 오르가스 백작이 있는 현세가 묘사되고 있다. 중세적이면서도 화려한 가톨릭 세계의 분위기가 물씬 풍긴다.

반면 렘브란트의 그림은 이와는 매우 대조적이다. 렘브란트가 활동했던 네덜란드는 프로테스탄트적 분위기가 강한 지역이었다.[44] 이러한 문화적 차이는 고스란히 렘브란트의 그림에도 스며들어 있다. 엘 그레코의 그림이 화려한 교권과 속권의 세계가 대조되는 중세 가톨릭의 세계를 묘사하고 있다면, 렘브란트의 〈성가족〉은 평범한 농부 가족의 소박한 일상을 보여 준다. 렘브란트는 평생에 걸쳐 성경 그림을 그렸다. 그가 그린 유화 650점 중에서 145점이 성서를 주제로 삼고 있다. 렘브란트는 '위대한 프로테스탄트 화가'라는 별칭을 얻을 정도로 외면의 화려함보다는 '고요한 내면'을 표현하는 그림을 그렸다.[45] 렘브란트 특유의 명암 대조 기법을 사용하고 있는 〈성가족〉은 내면을 중요시하는 프로테스탄트의 분위기를 느끼게 해 준다. 가톨릭이 건축이나 예배에서 외적인 미를 강조했다면, 칼뱅은 외적 아름다움보다는 내적 거룩함에서 나오는 아름다움을 강조했다. 렘브란트의 〈성가족〉은 프로테스탄트의 예술관을 잘 보여 준다.

이처럼 가톨릭과 프로테스탄트의 세계 해석은 달랐다. 프로테스탄트들은 가톨릭이 구축한 질서에 도전했다. 프로테스탄트들의 도전을 잘 보여 주는 사례가 이른바 종교개혁 기간 동안 등장했던 성상 파괴 운동이다. 가톨릭교회는 외적 아름다움을 지향했지만 프로테스탄트들은 가톨릭교회가 지향하는 외적 아름다움이 중세적 낭비의 원흉이라 생각했다. 프로테스탄트들이 성서 본위주의를 내세우자, 텍스트를 중요시하는 프로테스탄트 세계와 이미지를 중요시하는 가톨릭 세계 사이에 문화적 충돌이 발생했다. 그 문화적 충돌이 성상 파괴 운동으로 나타난다.

기록에 따르면 종교개혁에 기인한 성상 파괴는 1521년에서 1522년 사이 종교개혁 운동이 벌어지던 비텐베르크에서 처음 시작되었다.[46] 프로테스탄트의 여러 인물 중 츠빙글리는 성상에 대해 가장 완고한 입장을 취했다. 츠빙글리는 감각에 호소하는 종교를 철저히 거부했다. 그에 따르면 종교는 당연히 감각이 아니라 인간의 내면을 향해야 했다. 그는 성령은 볼 수도 없고 손으로 잡을 수도 없는 것이기에 이미지가 아니라 영적으로 섬겨야 한다고 주장했다. 츠빙글리의 엄격한 반이미지주의를 잘 말해 주는 에피소드가 있다. 1524년 한여름에 프로테스탄트들이 교회로 몰려가 문을 걸어 잠그고 눈에 보이는 이미지를 해체했다. 그들은 교회 내부에 있는 입상을 제거했고, 채색된 제단 장식들도 불태웠다. 벽화는 깎아내고 긁어내어 훼손시켰다. 이 모든 일이 끝나는 데 13일이 걸렸다. 이 사건이 벌어지고 난 후, 츠빙글리는 이렇게 말했다고 한다. "흰 벽들이 무척 아름답구나."[47]

프로테스탄트는 가톨릭의 세계를 혁명적으로 바꾸어 놓았다. 화려한 가톨릭의 예배 양식과는 달리 프로테스탄트는 간소한 예배를 지향했다. 성직자들은 요란한 제의를 없애고 성인 축일을 주일 예배로 대체했다. 그들은 교회 건물과 집기도 매우 단순하게 만

<네 명의 사도>
알브레히트 뒤러, 1526년

프로테스탄트들에게 성서는 최고의 권위를 지닌 텍스트였다. 수도원 생활이라든가
교황이라는 직위, 그리스도가 교회에 맡겼다는 왕국의 열쇠 등 로마 가톨릭의
장치들은 성경보다 가벼운 것이었다. 그림에서 성 바울로는 거대한 성서를 들고
있고, 베드로는 성 요한이 펼쳐 놓은 요한복음을 내려다보고 있다.
<네 명의 사도>는 프로테스탄트의 성서주의를 잘 보여 주는 그림이다.

들었다. 그들은 각종 형상과 조각상을 교회에서 치워 버렸고, 벽은 하얀색으로 칠했다.

뒤러가 1526년에 그린 〈네 명의 사도〉는 프로테스탄트가 지향했던 성서주의의 흔적을 잘 보여 주는 작품이다. 뒤러는 이 그림에서 실물보다 큰 성 요한, 성 베드로, 성 바울로, 성 마가를 그렸다. 성 바울로는 거대한 성서를 들고 있고 베드로는 성 요한이 펼쳐 놓은 요한복음을 내려다보고 있다. 펼쳐진 성서 속에 뒤러는 요한복음의 첫마디를 루터의 간결한 문체로 적어 놓았다. "태초에 말씀이 있으셨다."[48] 이처럼 이들에게 성서는 최고의 권위를 지닌 텍스트였다. 그랬기에 프로테스탄트들은 성상 파괴주의적 경향을 지녔던 것이다.

프로테스탄트와 가톨릭의 전쟁 – 성 바르톨로메오 축일의 대학살

프로테스탄트가 세력을 넓혀 감에 따라 로마 가톨릭이 주도했던 지배 질서는 위기에 처했다. 이런 상황에서 로마 가톨릭의 권위를 회복할 것인가, 아니면 로마 가톨릭의 질서와 프로테스탄트적 질서 사이에서 공존을 꾀할 것인가 하는 문제는 유럽의 미래를 좌지우지할 중요한 이슈였다.

가톨릭 진영이 세력을 정비해서 프로테스탄트에 대한 반격에 나서자 종교를 둘러싼 유럽의 정치적 혼란은 더욱더 거세졌다. 프로테스탄트적 질서와 가톨릭적 질서가 얼마나 화해하기 힘들었는지는 1572년에 벌어진 이른바 성 바르톨로메오 축일의 대학살에서 상징적으로 드러난다.

프랑스에서 위그노로 불리던 프로테스탄트들은 반가톨릭 분위기가 강했던 프랑스 남부를 중심으로 빠르게 성장하여 종교적 영역을 넘어 정치 세력이 되기 시작했다. 위그노 세력이 팽창하자, 신교와 구교 사이의 정치적 갈등은 심화되었다. 이로 인해 위그노 전쟁(1562~1598)이 벌어진다. 위그노 전쟁은 반(反)종교개혁 성향이 강했던 기즈 공작이 1562년 예배를 올리던 위그노들을 기습 공격하면서 시작되었다. 기즈 공작이 위그노를 공격한 뒤부터 가톨릭교도와 위그노들은 서로 이단시했다. 이들은 3차전까지 치른 뒤 평화 협상을 벌여 합의를 이루었지만 갈등의 불씨가 완전히 꺼진 것은 아니었다.

1572년 8월 24일 성 바르톨로메오의 축제일에 구교와 신교의 갈등은 정점에 달했다. 성 바르톨로메오 축일을 맞이하여 카트린(프랑스 왕 앙리 2세의 왕비)의 딸과 나바라 왕의 결혼식이 열렸다. 기즈 공작은 카트린과 결탁하여 축제에 참석한 위그노 지도자들과 위그노들을 대량 학살한다. 이 사건이 바로 성 바르톨로메오 축일의 대학살이다. 이 대학살로 무려 3000여 명의 희생자가 생겼다. 그뿐만 아니라 이날 시작된 프로테스탄트 탄압은 프랑스 전역으로 확대되었다. 그렇지만 이러한 탄압에도 프로테스탄트의 뿌리는 뽑히지 않았다. 수많은 프로테스탄트들은 잉글랜드, 독일, 제네바 등으로 도피했다. 가톨릭과 프로테스탄트의 이러한 대립은 신앙의 자유를 선언하고 프로테스탄트들이 제한적으로 예배를 드리는 것을 허용한 낭트 칙령(1598)으로 막을 내리게 되었다.

왜 가톨릭은 프로테스탄트를 이렇게 가혹하게 탄압했을까? 그

성 바르톨로메오 축일의 대학살

성 바르톨로메오의 축제일에 프로테스탄트들이 대량 학살당하는 사건이
벌어진다. 이 대학살로 무려 3000여 명의 희생자가 생겼고, 프로테스탄트를
몰아내려는 움직임이 프랑스 전역으로 확대되었다. 이들이 이토록 탄압받은
것은 종교뿐만 아니라 전 사회의 급진적인 변화와 연결되었기 때문이다.

이유는 프로테스탄트가 전통적 질서에 도전하는 신앙 원리를 지니고 있었기 때문이다. 프로테스탄트는 가톨릭 세계와의 급진적인 단절을 시도했다. 그랬기에 가톨릭과 프로테스탄트의 세계는 화해하기 힘들었다. 프로테스탄트의 출현은 종교에서 대전환의 계기였으며 동시에 전 사회의 급진적인 변화와 연결되어 있다. 가톨릭에서 분리되어 새롭게 출현한 프로테스탄트의 세계는 중세 유럽의 전통과 결별을 촉진했다.

이제 다시 베버의 테제로 돌아가 보자. 프로테스탄트 세계의 등장과 근대적 대전환 사이의 관계는 무엇인가? 프로테스탄트의 출현은 자본주의의 등장과 어떤 관련을 맺고 있을까?

 프로테스탄트 윤리와 자본주의 정신, 노동의 이유를 묻다

자본주의 정신 – 설명해야 할 근대적 새로움

베버가 사용하는 자본주의 개념은 독특하다. 마르크스는 자본주의를 봉건제 이후 등장한, 특정한 역사적 시기에 지배적인 위치를 차지한 생산 양식으로 이해한다. 마르크스의 생산 양식 개념에 따르면 자본주의는 봉건제 이후에 등장한 하나의 생산 양식이며, 사회주의 혁명을 통해 소멸되고 폐기되는 대상이다. 즉 마르크스의 입장에서 보자면 자본주의는 중세 사회가 붕괴하고 난 후부터 사회주의가 도래하기 전까지만 존재하는 한시적인 대상이다. 하지만 마르크스와 달리 베버는 자본주의가 근대 사회뿐만 아니라 고대에서도 있었던 것으로 파악한다. 베버는 제도로서의 "자본주의는 중국, 인도, 바빌로니아, 그리고 고대와 중세에도 존재"(37)했다고 파악한다.

하지만 베버의 이런 주장을 과장되게 해석해서는 안 된다. 자본주의의 역사성을 강조하는 마르크스와 달리 베버가 자본주의의 초역사성을 주장하는 것은 아니다. 베버는 역사적으로 상이한 시기에 등장한 자본주의의 여러 유형 사이에 놓인 결정적인 차이에 주목한다.

베버는 고대에 있었던 자본주의와 근대 자본주의의 차이에 대해 잘 알고 있었다. 근대 사회에서 출현한 자본주의의 특성을 여타 자본주의의 특성과 구별하기 위해 베버는 자본주의의 여러 가지 유형에 주목한다. 베버는 투기적 자본주의와 합리적이고 평화적인 부르주아 자본주의를 구분한다. 투기적 자본주의는 이윤 창출을 위해 정복과 폭력을 사용하는 자본주의를 말한다. 투기적 자본주의의 유형은 식민지 착취를 위해 형성된 자본주의에서 가장 두드러지게 나타난다. 유럽 국가가 아프리카와 아시아, 라틴 아메리카에 진출하여 식민지 건설을 하고 이를 통해 이윤을 추구한 경우가 투기적 자본주의의 대표적인 사례다. 아프리카 흑인을 정복하고 이들에게 폭력을 행사하여 이윤을 추구한 미국의 노예제 역시 투기적 자본주의의 유형에 속한다. 이런 투기적 자본주의와 달리 합리적인 자본주의는 폭력이 아니라 합리적 행위에 기반을 두고 이윤을 추구한다.

베버는 합리적 자본주의를 다른 형태의 자본주의와 구별시켜주는 특징을 찾아내고자 했다. 베버는 고대와 중세에 있었던 자본주의, 그리고 투기적 자본주의와 합리적 자본주의 사이의 결정적인 차이를 "체계적이고 합리적으로 정당한 이윤을 추구하려는 정신적 태도"(48)에서 찾았다. 베버가 보기에 이러한 정신적 태도는 오직 근대의 합리적 자본주의에서만 출현하는 독특한 특징이었다. "설명해야 할 대상"(40)이라 생각했던 합리적 자본주의의 독특한 "정신적 태도"를 베버는 '자본주의 정신'이라 표현한다.

이제 분석 대상은 명확해진 셈이다. 베버는 자본주의 자체가 아니라 합리적 자본주의의 독특한 특징인 자본주의 정신을 분석하려 한다. 자본주의 정신은 경제 영역에서만 통용되는 정신적 태도가 아니다. 자본주의 정신은 전통주의와의 급진적인 단절을 통해 형성된 "윤리적 색채를 띤 생활 관리의 격률"(37)이다. 그러므로 자본주의 정신은 개개인의 일상을 규제하고 바꾸어 놓는 힘을 지녔다.

전통주의자에겐 추잡한 탐욕, 자본주의 정신의 소유자에겐……

자본주의 정신은 특정한 개인적 성격을 의미하지 않는다. 자본주의 정신은 "인간에 의해 집단적으로 유지될, 일종의 세계관"(40)이다. 베버는 자본주의 정신과 대비되는 낡은 세계를 '전통주의'라 부른다. 자본주의 정신은 전통주의와의 대결을 통해 형성되었다. "윤리의 옷을 입고 등장하는, 규범 부여적인 일정한 생활양식이라는 의미에서 자본주의 정신이 우선적으로 싸우지 않으면 안 되었던 적수는 전통주의라 부를 수 있는 관점과 태도"(43)였다.

전통주의적 태도에는 노동을 경멸했던 고대의 흔적이 남아 있다. 우리는 진보와 생산성의 향상을 당연하다고 받아들인다. 하지만 이러한 관습은 근대 자본주의가 들어서면서 시작된 것이다. 자본주의 정신이 지배하기 이전 전통주의적 태도를 지닌 사람들은 노동 생산성을 향상시켜야 한다는 강박에 시달리지 않았다. 전통주의자들은 일을 열심히 하고자 하는 내적 동기를 지니고 있지 않았다. 전통주의에 익숙해져 있는 사람들은 많은 돈을 벌기보다는 차라리 적게 일하는 걸 선택한다.

노동자는 자신이 노동을 극대화시키면 매일 얼마를 벌 수 있을지 묻지 않고 자기가 지금까지 벌었고 또 자신의 전통적 필요에 알맞던 그 액수를 벌려면 하루에 얼마나 일해야 하는지를 묻는 것이다. 이것이 바로 전통주의라 불리는 태도의 한 사례다. 즉 인간은 그 본성상 더 많은 돈을 벌려는 것이 아니고 단지 자신이 살아온 대로 살고 그에 필요한 만큼만 벌려고 한다.(44)

전통주의적 태도를 지니고 있는 사람은 부 자체의 추구를 목적으로 삼지 않는다. 전통주의자는 자신이 먹고살기 위해서 필요한 돈이 얼마인지 계산하고, 그만큼만 벌고 나면 더는 일하지 않는다. 이들에게 노동은 인간의 생존을 보장해 주는 수단에 불과하다. 이들은 생존에 필요한 돈을 벌었는데도 더 큰돈을 추구한다면 그 사람을 천박하다고 여긴다. 지나친 부의 추구는 부끄러운 행동이라고 생각한다. 전통주의의 영향권에 놓여 있는 사람들에게서는 열심히 일해야 할 내적 동기가 발견되지 않는다.

반면 전통주의와 구별되는 자본주의 정신은 부에 대해 전혀 다른 견해를 보여 준다. 자본주의 정신을 소유한 집단은 전통주의와는 완전히 다른 방식으로 부와 노동을 해석한다. 전통주의자는 과도한 부의 추구를 부끄러워하지만, 자본주의 정신을 지닌 사람은 부의 추구를 자랑스러워한다. 많은 돈을 버는 것은 부끄러운 행동이 아니라 오히려 선한 행동으로 간주된다.

오히려 이 윤리의 최고선은 다음과 같은 것이다. 즉 돈을 벌고 더욱더 많은 돈을 버는 것이다. 게다가 모든 향락을 엄격히 피하면서. 그것은 모든 행복과 쾌락에서 전적으로 벗어나 돈 버는 것을 자기 목적으로 여기므로, 개인의 행복과 효용에 대립되어 매우 비합리적인 것으로 보일 정도다. 이 윤리는 인간이 돈벌이를 자신의 물질적 욕구를 만족시키기 위한 수단으로 여기는 것이 아니라 삶의 목적 자체로 여기는 것이다.(38)

자본주의 정신을 소유하고 있는 집단에게 노동은 목적을 달성하기 위한 수단에 불과한 행동이 아니다. 오히려 노동은 삶의 목적과 관련된 행동이다. 이러한 자본주의 정신을 소유한 집단이 부와 노동을 해석하는 방식은 전통주의자가 볼 때는 "추잡한 탐욕과 매우 상스러운 생각의 표현"(41)이라 취급할 수도 있다. 우리가 전통주의자가 되느냐, 아니면 합리적 자본주의 정신의 소유자가 되느냐 하는 것은 부의 추구와 노동의 의미에 대한 해석의 차이에 전적으로 달려 있다. 만약 여러분이 부의 추구를 천박하고 상스러운 짓이라 생각한다면 여러분은 전통주의적 세계관에 따라 노동을 해석하는 것이다. 하지만 만약 여러분이 부의 추구를 천박하다고 여기지 않고, 부의 추구를 적극적으로 정당화하려 한다면 여러분은 자본주의 정신의 소유자인 셈이다.

합리적 자본주의는 전통주의가 아니라 자본주의 정신이 지배하는 사회에서 출현한다. 합리적 자본주의의 출현 여부는 전적으로 전통주의와 자본주의 정신 사이의 헤게모니 투쟁의 결과에 달려 있다. 만약 사람들이 자본주의 정신에 동의한다면, 합리적 자본주의가 출현할 가능성이 높다. 반대로 전통주의적 태도가 완고하게 자리 잡고 있는 지역에서 근대적 자본주의가 출현할 가능성은 매우 낮다. 그런데 흥미롭게도 자본주의 정신은 유독 프로테스탄트에게서 주로 나타나는 정신적 특징이었다.

기독교 전통 속의 근면과 노동

왜 자본주의 정신은 특정한 종파와 연관되어 등장할까? 베버는 자본주의 정신이 지닌 종교적 성격에 주목한다. 자본주의 정신의 종교적 유래는 거대한 수수께끼를 풀 수 있는 매우 중요한 실마리다.

초기 프로테스탄트 정신의 일정한 특징과 근대 자본주의 문화 사이에 어떤 내적 친화성이라는 것을 찾으려 한다면, 우리는 좋건 싫건 간에 그러한 친화성을 (이른바) 그것의 다소간 유물론적인 혹은 반금욕적인 세속성에서가 아니라 그것의 순수한 종교적 성격에서 찾아야 한다.(31)

자본주의 정신의 종교적 성격을 탐색하기 위해 베버는 노동과 근면을 강조하는 '금욕주의'에 주목한다. 기독교 전통에서 노동과 근면에 대한 강조 자체는 그다지 새롭지 않다. 근면을 강조하는 구절을 성경 곳곳에서 찾아볼 수 있을 정도로, 금욕적인 근면을 강조하고 노동을 권장하는 계율은 오래된 기독교 전통에 속한다. 성경의 곳곳에서는 노동을 강조하는 기독교 교리들을 찾아볼 수 있다.

데살로니카 3장 6절을 보면 기독교 전통이 게으른 생활을 얼마나 엄격하게 경고하고 있는지 잘 나타나 있다.

교우 여러분, 우리는 주 예수 그리스도의 이름으로 여러분에게 명령합니다. 누구를 막론하고 게으른 생활을 하거나 우리에게서 받은 전통을 따르지 않는 교우는 여러분이 멀리해야 합니다. 우리를 어떻게 본받아야 하는지는 여러분 자신이 잘 알고 있지 않습니까? 우리는 여러분과 함께 있을 때 게으른 생활을 하지 않았고 누구에게서도 빵을 거저 얻어먹지 않았습니다. 오히려 여러분 중 어느 누구에게도 폐를 끼치지 않으려고 밤낮으로 수고하며 애써 노동을 했습니다. 그렇게 한 것은 우리가 여러분에게 요구할 권리가 없어서가 아니라 여러분에게 우리를 본받게 하려고 스스로 모범을 보인 것입니다. 우리가 여러분과 함께 있을 때 일하기 싫어하는 사람은 먹지도 말라는 말을 여러분에게 종종 했습니다. 그런데 여러분 가운데는 게으른 생활을 하며 아무 일도 하지 않고 남의 일에만 참견하는 사람이 있다는 말이 들립니다. 우리는 주 예수 그리스도의 이름으로 이런 사람들에게 명령하고 권고합니다. 말없이 일해서 제 힘으로 벌어먹도록 하십시오.

잠언 6장 6~8절에는 우리에게 이솝우화로도 잘 알려진 '개미와 베짱이'를 연상시키는 이야기가 등장한다.

게으른 자는 개미에게 가서 그 사는 모습을 보고 지혜를 깨쳐라. 개미는 우두머리 없이도, 지휘관이나 감독관이 없어도 여름 동안 양식을 장만하고 추수철에 먹이를 모아들인다. 그런데 너 게으른 자야, 언제까지 잠만 자겠느냐? 언제 잠에서 깨어 일어나겠느냐? 조금만 더 자야지, 조금만 더 눈을 붙여야지, 조금만 더 일손을 쉬어야지 하겠느냐? 그러면 가난이 부랑배처럼 들이닥치고 빈곤이 거지처럼 달려든다.

성경 속에는 지금까지 살펴본 것처럼 자본주의 정신의 요구인 노동과 근면을 강조하는 구절들이 곳곳에 숨어 있다. 그렇다면 기독교의 전통 자체를 자본주의 정신의 전통과 동일하게 해석할 수 있을까? 그건 그렇지 않다. 흥미롭게도 성경에는 마치 자본주의 정신처럼 근면과 노동에 적극적 의미를 부여하는 구절과 더불어서 부의 추구를 경계하는 내용이 등장한다. 우리에게 너무나 잘 알려진 표현이 등장하는 마르코 10장 25절을 살펴보자.

예수께서는 제자들을 둘러보시며 재물을 많이 가진 사람이 하나님 나라에 들어가는 것은 얼마나 어려운 일인지 모른다 하고 말씀하셨다. 제자들은 이 말씀을 듣고 놀랐다. 그러나 예수께서 다시 이렇게 말씀하셨다. 하나님 나라에 들어가기는 참으로 어렵다. 부자가 하나님 나라에 들어가는 것보다는 낙타가 바늘귀로 빠져나가는 것이 더 쉬울 것이다. 제자들은 깜짝 놀라 그러면 구원받을 사람이 어디 있겠는가 하며 서로 수군거렸다. 예수께서는 제자들을 똑바로 보시며 그것은 사람의 힘으로는 할 수 없으나 하나님은 하실 수 있는 일이다. 하나님께서는 무슨 일이나 다 하실 수 있다 하고 말씀하셨다.

여기서는 지나친 부의 추구를 경계하는 목소리를 분명히 들을 수 있다. 성경의 이 구절은 자본주의 정신이라기보다는 오히려 전통주의적 태도에 가까운 것으로 해석할 수 있다. 이렇듯 성경에는 전통주의적으로 해석될 수 있는 내용과 자본주의 정신에 따라 강조될 수 있는 내용이 동시에 담겨 있다. 이 두 내용 중 무엇을 강조하느냐에 따라서 노동의 의미와 부의 축적에 대한 신학적 해석은 달라질 수 있다. 따라서 우리의 관심은 가톨릭의 해석과 프로테스탄티즘의 해석 사이의 차이점을 향한다.

수도원의 담을 넘지 못한 가톨릭 금욕주의

금욕주의는 가톨릭의 중요한 종교 원리였다. 가톨릭적 금욕주의의 세계를 가장 잘 보여 주는 성 베네딕트 수도회의 전통이 있다. '기도하라, 그리고 일하라'라는 규정을 내세웠던[49] 베네딕트를 따라 성 베네딕트 수도회는 육체 노동에 긍정적이고 영적인 의미를 부여했다. 베네딕트 수도회의 금욕주의는 노동을 장려했지만 일을 통해 얻을 수 있는 부는 경계했다.[50]

노동을 중요하게 생각하는 성 베네딕트 수도회의 금욕주의적 생활 윤리는 근대적 의미의 자본주의 정신의 원형인 것처럼 보이기도 한다. 하지만 가톨릭의 금욕주의와 자본주의 정신 사이에는 결정적인 차이가 있다. 수도회의 계율은 직업 수도사에게만 적용된다. 수도회의 금욕주의적 계율은 심지어 가톨릭의 평신도에게도 적용되지 않는다. 또한 수도승들이 사는 세계는 현세 밖의 세계로서, 그들의 경제적 활동은 일반인이 사는 세계를 향하지 않는다.

그래서 그들의 금욕주의는 어디까지나 현세를 떠난 금욕주의다.[51] 따라서 종교적 계율에 따라 금욕주의를 수행한 사람들은 수도승뿐이었다. 수도승의 금욕주의는 세속적 윤리의 극복을 목표로 삼았기에 "금욕이 한 개인을 강하게 사로잡으면 사로잡을수록 그는 더욱더 일상생활에서 멀어져 갔다."(95)

반면 베버가 자본주의 정신의 형성과 밀접한 관련을 맺고 있다고 간주한 프로테스탄트의 금욕주의는 원칙적으로 누구에게나 적용될 수 있는 규범이다. 종교개혁은 "수도사를 수도원의 독방에서 초기 자본주의 근대 가족의 친숙한 안방"으로 이동시켰다.[52]

베버는 가톨릭의 금욕주의와 프로테스탄트의 금욕주의를 구별하기 위해 '세속적 금욕주의'라는 개념을 만들어 낸다. 이 세상에서 벗어난 가톨릭 금욕주의의 영향력은 수도원의 담 밖을 넘지 못했지만, 세속에 물들어 간 프로테스탄트의 금욕주의는 영향력에 한계가 없었다.

금욕주의가 수도원의 담을 넘기 위해서는 새로운 신학적 해석이 요구되었다. 루터는 세속적 금욕주의를 신학적으로 정당화할 수 있는 새로운 해석을 시도했다. 중세의 전통주의적 세계관에 따르면 수도 생활과 수도원은 성스러운 세계에 한 발자국 다가선 곳이었다. 반면 루터는 세속적 활동의 중요성을 강조하면서 오히려 "수도승의 생활방식은 이제 신 앞에서 자신을 변호하는 데는 전적으로 무가치할 뿐 아니라 세속적 의무를 회피한 이기적인 냉혹함의 산물"(61)이라고 폄하했다. 프로테스탄트에 의해 재해석된 금욕주의는 자본주의 정신이 자랄 수 있는 훌륭한 터전이 되었다.

자본주의 정신의 터전이 된 프로테스탄트의 세속적 금욕주의

만약 가톨릭 수도원의 금욕주의처럼 소수의 사람만이 세속적 금욕주의를 공유했다면, 세속적 금욕주의는 자본주의 정신을 촉진하는 종교적 토대가 되지 못했을 것이다. 세속적 금욕주의는 매우 보편적으로 확산되었기에 전통주의를 파괴하는 힘을 발휘할 수 있었다. 세속적 금욕주의는 프로테스탄트 집단 내에서는 매우 보편적으로 받아들여지는 생활 원리였다. 자본가뿐만 아니라 평범한 노동자들도 세속적 금욕주의의 생활 원리에 동의했고, 자신의 삶을 세속적 금욕주의의 원리에 따라 재구성했다.

세속적 금욕주의에서 유래한 자본주의 정신은 기업가 정신처럼 소수의 기업가에게서 발견되는 세계관이 아니라 노동자들 또한 공유하는 가치관이다. 자본주의 정신의 소유자는 "경제사의 모든 시대에 볼 수 있는 무모하고 파렴치한 투기업자나 경제적 모험가나 단순한 부호"(52)가 아니다. 자본주의 정신은 "엄격한 시민적 관점과 원칙을 갖고, 냉정한 인생의 학교에서 자라나 신중하고도 과감하게, 특히 공정하고 성실하게 일에 몰두하는 사람들"(52)의 보편적 생활 원리다.

베버도 지적하듯이 프로테스탄트들의 금욕주의적 태도 그 자체에서 새로운 점은 발견되지 않는다. 가톨릭의 금욕주의와 프로테스탄트의 세속적 금욕주의의 결정적 차이, 그리고 프로테스탄트 금욕주의가 전통주의를 파괴할 수 있었던 힘은 세속적 금욕주의의 헤게모니에 기인한다. 헤게모니를 구축한 세속적 금욕주의는 프로테스탄트 내부에서는 개인이 선택할 수 있는 생활양식 이상의 의미를 지녔다. 세속적 금욕주의가 헤게모니를 획득하고 난 후부터 세속적 금욕주의는 사람들이 결코 회피할 수 없는 윤리로 자리 잡았다. 자본주의 정신이 지배하고 있는 집단 내에서 "이 윤리의 불이행은 태만함으로 여겨질 뿐 아니라 일종의 의무 망각으로 취급"(37)되었다. 세속적 금욕주의는 일종의 절대 명령이었던 셈이다. 절대 명령으로 다가오는 세속적 금욕주의는 프로테스탄트 내에서 특이한 '심리적 동인'을 유발해 냈다. 자본주의 정신은 세속적 금욕주의가 프로테스탄트 집단에서 만들어 낸 특이한 심리적 동인의 결과물이다. 그리고 프로테스탄트의 독특한 심리적 동인은 칼뱅의 새로운 신학 해석에서 유래한다.

구원의 증표가 된 노동

– 칼뱅주의 예정론

한 평범한 사람을 바꾸어 놓은 종교개혁

중세에 한 평범한 사람이 살고 있었다 하자. 그는 종교개혁이 일어나기 전까지 가톨릭을 믿고 있었다. 기독교는 하나였다. 교황은 로마에만 있었고, 로마 교황은 하나님만큼이나 전지전능한 존재였다. 어느 날 전지전능한 로마에 도전하는 종교개혁의 움직임이 독일에서 시작되었다. 어찌 보자면 프로테스탄티즘은 사이비 이단으로 취급되어 일시적인 해프닝으로 그칠 수도 있었다. 하지만 프로테스탄티즘은 유럽의 역사를 바꾸어 놓는 대변혁을 유발했다.

　종교개혁은 유럽의 역사에서 급진적 단절의 계기였다. 그런데 종교개혁이 루터처럼 종교개혁을 주도했던 사람들뿐만 아니라 평범한 사람들의 일상 또한 급진적으로 변하게 했을까? 평범한 사람들에게 종교개혁은 어떤 영향을 미쳤을까? 프로테스탄티즘으로 개종한다는 것이 단순히 종교상의 변화만을 불러일으켰을까? 아니면 개종을 통해 그들의 삶은 개종 이전과 완벽한 단절을 이뤘을까? 우리들의 이러한 궁금증을 풀어줄 아주 좋은 방법이 있다. 종교개혁을 직접 경험했던 사람들이 남겨 놓은 기록을 살펴보는 것이다. 종교개혁을 주도한 루터나 칼뱅의 삶은 우리에게 잘 알려져 있지만, 이들이 주도한 종교개혁을 경험했던 평범한 사람들의 삶에 대해서는 잘 알려져 있지 않다. 하지만 종교개혁 당시 평신도들이 남긴 가족 연대기, 일기와 서한 등의 자료를 통해 우리는 대전환의 시기에 평범한 신도들이 어떠한 삶의 변화를 겪었는지를 추정해볼 수 있다.[53]

스위스 태생의 토마스 플래터는 우리의 관심을 끌기에 충분한 인물이다. 1507년에 태어난 것으로 추정되고 1582년에 사망한 플래터는 1520년대에 취리히에서 프로테스탄티즘으로 개종했다. 플래터는 65세가 되던 1572년에 기억과 자료에 입각해서 자서전을 집필했다. 플래터의 삶 속에는 종교개혁으로 인한 급격한 변화의 그림자가 드리워져 있다. 원래 그는 신앙심 깊은 가톨릭교도였다. 그는 넉넉하지 못한 가정에서 태어났다. 아버지는 그가 어렸을 때 사망했고, 가난에 시달리던 가족들은 어려서부터 생계를 위해 일해야 했다. 플래터의 누이들은 하녀로 일했고, 플래터도 여섯 살 때부터 염소치기 일을 했다.

플래터는 성직자가 되고자 신학교에 들어갔다. 그 시절 가톨릭과 프로테스탄티즘 사이의 대립이 격화되기 시작했다. 어렴풋이나마 로마 가톨릭의 부패 문제를 알고 있던 플래터는 츠빙글리의 선교를 듣고 나서 가톨릭의 문제점이 무엇인지 확신했다. 플래터는 츠빙글리가 요한복음 10장에 기초하여 나는 선한 목자라고 한 설교를 듣고 프로테스탄티즘으로 개종할 것을 결심했다. 그는 자서전에 츠빙글리의 설교를 듣는 순간, 머리털이 곤두서는 듯한 전율을 느꼈다고 기록하고 있다. 마침내 그는 프로테스탄트로 개종했고, 그의 삶은 급격히 변화했다.

그가 프로테스탄티즘으로 개종한 가장 큰 이유는 이마에 땀을 흘려 생계를 해결하지 않는 가톨릭 성직자들에 대한 불만 때문이었다. 플래터는 일하지 않는 가톨릭 성직자들이 사회에서 높은 지위를 차지하고 있음을 인정할 수 없었다. 그는 땀을 직접 흘리는 길이 하나님의 뜻이라 생각했다.

개종과 더불어 그는 세속적 직업을 선택했다. 만약 개종하지 않고 가톨릭 성직자가 되었다면 그는 노동하지 않아도 되었을 것이다. 하지만 개종한 뒤에는 신학 공부를 포기하고 사업을 배우기 시작했다. 그는 밧줄 제조공의 도제가 되었고, 평생을 노동하며 살았다. 만약 플래터가 개종하지 않았다면 그는 아주 다른 삶을 살았을 것이다. 개종은 그를 노동의 세계로 이끌었다. 이렇듯 종교개혁은 사회뿐만 아니라 평범한 사람들의 일상 또한 급격하게 변화시켰던 것이다.

칼뱅파의 예정설

베버는 플래터처럼 평범한 사람들이 프로테스탄티즘을 받아들이면서 노동에 새롭게 의미를 부여하는 데 주목한다. 프로테스탄트로 개종한 사람들은 전통적인 가톨릭의 해석과는 전혀 다른 방식으로 노동을 해석하기 시작했다. 새로운 해석은 프로테스탄트 중에서 '금욕적 프로테스탄트'에 속하는 사람들에게서 특히 강하게 나타났다. 금욕적 프로테스탄트의 주류를 베버는 칼뱅교, 감리교

(Methodism), 경건파(Pietism), 침례교(Baptist), 이렇게 넷으로 구분한다.

베버는 네 가지 프로테스탄트 중에서 칼뱅교의 해석에 집중한다. 베버가 칼뱅파에 주목하는 이유는 칼뱅파가 전통주의와 급진적 단절을 시도했기 때문이다. 칼뱅파는 16~17세기에 자본주의가 가장 발달한 국가인 네덜란드, 영국, 프랑스에서 "위대한 정치 투쟁과 문화 투쟁을 수행"(75~76)했다. 베버는 칼뱅파를 집중적으로 다루면서 세속적 금욕주의를 분석하지만, 칼뱅파에게서 나타나는 독특한 특징을 금욕적 프로테스탄트에 속한 모든 분파에서 공통적으로 나타나는 현상이라고 간주했다. "우리에게 중요한 현상인 윤리적 생활 태도는 앞서 말한 주요 4파 또는 그들 중 몇몇이 결합된 파 등에서 발생한 매우 다양한 분파의 신도들에게서 동일한 방식으로 나타난다."(74)

칼뱅 신학의 독특한 요소이면서 우리의 관심과 결부되어 있는 것은 바로 예정설이다. 예정설은 인류 중에서 선택받도록 예정되어 있는 소수만이 구원을 받을 수 있다고 주장한다. 구원받을 사람은 미리 예정되어 있지만, 누가 예정되어 있는지 인간은 알아챌 수 없다. 그것은 신만이 안다. 예정은 하나님의 뜻이기 때문이다. 칼뱅은 예정설을 이렇게 설명한다.

우리는 예정을 하나님의 영원한 뜻이라고 칭한다. 이 예정을 통해 하나님은 세상 모든 사람의 운명을 마음대로 정하셨다. 이들이 모두 동일한 조건 안에서 창조된 것이 아니다. 왜냐하면 어떤 사람들에게는 영생이, 또 다른 사람들에게는 영원한 벌이 마련되어 있기 때문이다. 그러므로 모든 사람은 이 두 가지 결말 가운데 하나를 위해 창조되었고, 그래서 우리는 각 사람이 생명 혹은 죽음으로 예정되었다고 말할 수 있는 것이다.[54)]

구원이 예정되었다는 사실은 가혹하다. 하지만 예정은 하나님이 정한 운명이기에 인간은 받아들일 수밖에 없다. 인간 운명의 주인은 개인이 아니라 하나님이다. 구원받도록 예정되어 있는지, 구원받지 않을 예정의 운명을 갖고 태어났는지, 이는 전적으로 하나님의 뜻에 따라 결정된다. 하나님이 정한 예정에 대해 사람들은 항의할 수 없다. 미리 정해진 예정에 사람들은 순응해야 한다.

그가 뜻하는 것이 무엇이든 그가 그것을 뜻하신다는 바로 그 이유로 정의롭다고 간주되어야 한다. 그러므로 주님이 왜 그렇게 하셨느냐고 당신이 묻는다면, 그 대답은 그가 그렇게 하고자 하셨기 때문이라는 것이다. 하지만 당신이 더 나아가서 왜 그가 그렇게 정하셨냐고 묻는다면, 당신은 하나님의 뜻보다 더 높고 더 대단한 어떤 것을 찾고 있는 것이다. 그런 것은 결코 발견될 수 없다. 그러므로 인간이 만용으로 존재하지 않는 것을 탐하지 않게 하여, 정말로 존재하는 것을 찾는 데 실패하지 않도록 하자. 이것은 하나님의 비밀에 관해 경외심을 가지고 추론하고자 하는 사람들에게 충분한 제한이 되어 줄 것이다.[55)]

칼뱅주의자들이 신이 정한 '예정'에 순응하는 이유는 그들이 다른 어느 프로테스탄트 분파보다도 신의 초월성을 각별히 강조하는 교리를 가지고 있기 때문이다. 칼뱅에 따르면 신의 의지가 세계 존재의 유일한 근원이고, 신의 영광의 증대가 세계 존재의 유일한 정당화 근거다.[56] 베버가 직접 인용하고 있는 '웨스트민스터 신앙고백'을 살펴보자. 이 신앙고백의 3조(신의 영원한 결단에 관하여)에서 '예정설'은 이렇게 해석되고 있다.

3항 : 신은 당신의 영광을 계시하기 위해 당신의 결단으로 어떤 이는 (……) 영원한 삶으로 예정하셨고 또 어떤 이는 영원한 죽음으로 예정하셨다. 5항 : 인류 중 영원한 생명으로 예정된 자들은, 세계의 토대가 세워지기 전에 신이 당신의 영원하고 불변적인 의도와 은밀한 결의와 임의적인 의지에 따라 (……) 선택한 자들로서 이는 순수하게 자유로운 은총과 사랑에서 나온 것이지, 신앙이나 선행 (……) 등에 대한 기대가 그러한 선택의 조건이나 원인인 것은 결코 아니다. 그것은 단지 당신의 영광스러운 은총을 찬미하기 위해서일 뿐이다. 7항 : 신은 당신의 피조물을 능가하여 당신의 무한한 힘을 원하시는 대로 칭송하기 위해 당신이 은총을 베풀기도 하고 거절하기도 하시는, 헤아릴 길 없는 의지의 권고에 맞추어 나머지 인간들을 그 죄에 대한 치욕과 분노로 정하시어 당신의 영광스러운 의로움을 찬미하심을 기뻐하신다.(77)

칼뱅파의 해석에 따르면 신은 전지전능하기에 아무도 신의 뜻을 거역할 수 없다. 신은 인간을 위해 존재하는 게 아니다. 오직 인간이 신을 위해 존재할 뿐이다. 모든 것은 신의 영광을 드러내기 위한 수단으로써만 의미를 가질 수 있다. 그리고 전지전능한 신은 구원받을 것인지 여부를 미리 '예정'해 두었다. 즉 이미 신은 나의 운명을 정해 놓았다. 그러나 내가 구원을 받을 수 있을지 여부를 나는 알 수 없다. 나는 신이 정한 운명에 굴복해야 한다. 신이 정한 운명을 나는 회피할 수 없다. 참으로 '가공할 신의 결정'이다.

> 우리는 영원한 진리의 이러한 단편에만 의지할 수밖에 없으며, 그 밖의 모든 것—우리의 개인적 운명이 갖는 의미—은 어두운 비밀에 둘러싸여 있다. 개인 운명의 의미를 탐구한다는 것은 불가능하고도 외람된 것이다. 예컨대 신에게서 버림받은 자가 자신의 운명이 부당하다고 호소하는 것은 짐승이 인간으로 태어나지 못했음을 불평하는 것과 비슷한 것이다. 왜냐하면 모든 피조물은 메울 수 없는 심연으로 신과 갈라져 있으며, 신이 당신의 위엄을 영광스럽게 하기 위해 다른 결단을 내리지 않는 한 오직 영원한 죽음만이 그의 것이기 때문이다. 우리가 알고 있는 것은 단지 인간의 일부는 구원받고, 나머지는 저주받았다는 사실뿐이다.(80)

근대적 노동윤리의 심리적 동인이 된 예정론

신의 예정과 전능한 신의 의지를 철저하게 믿는 칼뱅주의적 프로테스탄티즘이 발휘하는 세속적 효과는 매우 크다. 칼뱅파는 루터파의 수동성과 대조를 이루는 매우 능동적인 내면세계를 지니고 있었다.[57] 베버가 교리 자체에 대한 해석보다 칼뱅파의 교리가 발휘하는 세속적 효과에 주목하는 이유는 분명하다. 그의 관심은 처

〈최후의 심판〉
미켈란젤로 부오나로티, 1541년, 부분

지옥으로 쫓겨가도록 심판받은 자들이 끌려 내려오고 있다.
왼쪽 윗부분의 끌려 내려오는 자들의 표정은 매우 절망적이고 비참하다.
우리의 의지와 행위와는 관계없이 거역할 수 없는 신의 의지에 따라
이러한 일이 예정되어 있다는 것은 매우 두려운 일이다.
예정설은 우리를 가혹한 운명으로 이끌고 간다.

음부터 종교개혁 자체에 대한 이해가 아니라 근대적 노동윤리의 기원이었기 때문이다. 베버는 근대적 노동윤리의 기원을 찾아내기 위해 칼뱅파의 해석이 가져온 심리적 동인에 관심을 기울인다. 그는 이 점을 명확하게 밝히고 있다. "우리가 문제 삼는 것은 분명 그 당시 윤리적 요강에서 이론적 혹은 공식적으로 가르치던 것 등이 아니라 (……) 그와는 전혀 다른 것, 즉 종교적 신앙과 종교 생활의 실천을 통해 형성되어 생활방식에 방향을 제시하고 개인을 지배하던 심리적 동인을 탐구"(75)하는 것이다. 칼뱅주의자들의 특징은 신앙 체계에 의한 논리적 귀결이 아니라 심리학적 귀결이다.[58]

만약 우리가 예정론의 사고방식을 받아들인다면, 이러한 사고방식은 우리의 가치 체계와 행동 양식에 어떤 변화를 불러일으킬까? 신과 인간의 관계에 대한 칼뱅파의 독특한 해석은 신앙 체계 자체에서는 기대하지 않았던 세속적인 효과를 발휘했다. 자신이 구원받을 것인지 아닌지 알지 못하면, 자신의 운명을 알 수 없는 개인은 영구적인 불안 상태에 빠질 것이다. 예정설에 몸을 맡긴 개인은 "무엇보다도 전대미문의 개인적인 내적 고립감"(80)을 맞이한다.

종교개혁 시대의 인간들에게 결정적이었던 삶의 관심사, 즉 영원한 구원을 위하여 인간은 태초부터 정해진 운명을 향해 홀로 길을 가는 수밖에 없었다. 왜냐하면 오직 선택된 자만이 신의 말씀을 영적으로 이해할 수 있기 때문이다. 성례(聖禮)*도 도울 수 없다. 왜냐하면 성례

〈사춘기〉
에드바르트 뭉크, 1894년

나약한 사춘기 소녀에 빗대 근대인의 불안을 표현한 작품이다.
발가벗겨져 홀로 남겨진 소녀는 근대인의 내면적 상황에 대한 비유다.
두려움에 정면을 보는 소녀의 시선과 소녀 뒤의 커다랗고 시커먼 그림자가
불안감을 더한다. 이러한 근대인의 불안은 프로테스탄트의
대전환에서 시작되었다. 그들은 모든 것을 스스로 해결해야 했고,
견디기 힘든 고독감과 싸워야 했다.

가 신의 영광을 위해 신이 명령한 것이므로 엄수되어야 하는 것은 사실이지만, 신의 은총을 얻는 수단이 아니라 단지 주관적인 신앙의 외적 보조에 지나지 않기 때문이다. 교회도 도울 수 없다.(80~81)

프로테스탄트들은 홀로 내던져진 고독한 근대인이었다. 그들은 교회에 전적으로 의존했던 가톨릭교도가 경험해 보지 못한 상황으로 내몰렸다. 가톨릭교회는 중세적 특권을 남용했지만, 전지전능한 조직이었다. "가톨릭 신자에게 그의 교회는 성례와 은총으로 자신의 부족함을 메워 주었다. 사제는 본래의 모습이 바뀌는 기적을 수행하고 교황의 징계권을 장악한 마술사였다. 신도들은 회개와 참회를 통해서 사제에게 바랄 수 있었고 그러면 사제는 죄를 사해 주고 구원의 희망을 베풀고 면죄의 확신을 심어 주었다. 그렇게 해서 빠져나올 수도 없고 무엇에 의해서도 위안받을 수 없는 칼뱅주의자들의 운명이었던 저 엄청난 긴장에서 벗어나게 해 주었다."(91)

하지만 프로테스탄트는 달랐다. 그들은 모든 것을 혼자 힘으로 해결해야 했다. 프로테스탄트는 가톨릭에 저항해 중세적 질서에서 벗어났지만 그 대가는 가혹했다. 전권을 휘두르는 교회에 모든 것을 의존하면 되었던 신자들은 개종 이후 모든 것을 스스로 해결해야 했다. 예정설을 믿는 칼뱅파의 신도는 불안감에 휩싸이면서 울부짖듯 묻는다. "나는 선택되었는가? 선택되었다면 나는 그 선

택을 어떻게 확신할 수 있는가?" (85)

나는 선택되었는가? 선택을 어떻게 확신할 수 있는가?

칼뱅교도들은 자신이 구원받도록 예정되었는지 알 수 없어 생기는 불안감 때문에 괴로워하고 있다. 그 불안감은 예정설을 믿는 칼뱅교도에게만 나타나는 심리적 효과다. 모든 것을 교회와 성직자에게 의존하는 가톨릭교도는 그런 불안에 시달리지 않았다. 칼뱅교도는 자신이 겪고 있는 불안을 치유할 수 있는 방법을 고민한다. 불안이 생기는 이유는 자신에게 어떤 운명이 예정되었는지 알 수 없기 때문이다. 따라서 불안에서 벗어나기 위해서는 자신이 구원받도록 예정되었다는 것을 확신할 수 있는 증거를 찾아내면 된다. 칼뱅교도들은 불안에서 벗어나기 위해 자신이 구원받도록 예정되었음을 확신할 수 있는, 눈에 보이는 증거를 찾기 위해 노력한다.

사실 예정론은 신자들에게 숙명론적 사고방식을 불러일으킬 수도 있었다. 만약 내가 구원받도록 '예정'되어 있다면 사실 구원받기 위해서 선한 일을 할 필요가 없다. 반대로 나에게 구원받을 수 없는 운명을 신이 '예정'했다면 나는 개선을 위해 노력할 필요도 없다. 어차피 신은 처음부터 나에게 구원받을 수 없는 운명을 예정했기 때문이다. 그렇기에 예정론은 자신의 운명을 체념하고, 현실로부터 도피하는 퇴행적 태도를 낳을 수도 있었다. 하지만 칼뱅주의자들은 예정론을 철저하게 믿음에도 불구하고 세계에 대한 운명론적이고 수동적인 태도에 빠지지 않았다. 오히려 이들은 예정론을 근거로 지극히 능동적이고 활발한 삶의 태도를 개발했다.

칼뱅은 구원에 대한 예정을 근심거리로 생각하지 않았다. 그는 자신의 구원을 확신했다. "그는 자신을 도구라 여겼고 자신의 구원을 확신했다."(85) 이로부터 칼뱅파에 속하는 사람들에게 독특한 의무 개념이 생겨난다. 칼뱅파에 속한 개인은 자기 자신을 선택받은 사람으로 간주해야 할 의무를 지닌다. 칼뱅주의자들은 자신이 선택된 존재라는 흔들리지 않는 확신을 반드시 지녀야 했다. 아니, 자신이 구원받도록 예정되었다는 확신만으로는 모자랐다. 칼뱅주의자들은 자신의 예정을 드러내는 '표지'를 일상생활에서 찾는 데 관심을 기울였다. "예정설이 확립된 곳에서는 어디서든지 '선택된 자'에 속함을 인식할 수 있는 확실한 표지의 존재 여부에 대한 질문"(86)이 제기되었다. 칼뱅주의자들이 찾아낸 일상의 표지는 바로 노동이었다.

"세계는 오직 신의 영광에 봉사하도록 정해져 있고, 선택된 기독교는 오직 신의 율법을 집행하여 세계에 신의 영광을 각자의 몫만큼 증대하도록 정해져 있다. 그러나 신은 기독교도의 사회적 실행을 요구한다. 왜냐하면 신은 삶의 사회적 형성이 자신의 율법에 맞게 이루어져 그 형성이 자신의 목적에 일치하기를 요구하기 때문이다. 세상에서 칼뱅교도들의 사회적 노동은 오직 신의 영광을 더하기 위한 노동일 뿐이다. 그러므로 모든 이의 현세적 삶에 봉사하는 직업 노동도 역시 그러한 성격을 갖는다."(84)

노동은 신의 은총이자 구원의 증표

칼뱅에게 있어 노동은 은총의 상징이자 구원의 수단이었다. 부의 축적은 신에게 선택받은 사람이라는 증표로 변화했고, 게으름과 가난은 선택받지 못했음을 드러내는 표지가 되었다. 가톨릭은 사제의 초속세적 소명에 각별한 종교적 가치를 부여했지만, 칼뱅주의는 평범한 개개인이 일상에서 수행해야 할 속세적 소명을 윤리적 관심의 중심에 놓는다. 구원의 표지를 일상에서 매순간 확인하기 위해 칼뱅주의자는 하루하루를 책임 있게 스스로 재조정해야 했다. 그는 자신의 삶을 장기적으로 계획하고 통제할 수 있는 능력, 즉 일관성 있는 삶의 체계를 설계할 수 있는 능력을 소유해야만 했다. 이러한 금욕적이고 체계적인 삶의 설계를 위해 그는 모든 인간관계를 사무적이고 합리적으로 조직해야 했다. 칼뱅주의자는 현재의 편안함에 대한 집착을 버려야 했고, 향유욕을 철저히 억제하면서 자신에게 구원이 예정되어 있다는 표지를 찾아야 했다.

> "첫째, 자신을 선택된 자로 확신하고 모든 의심을 악마의 유혹이라 생각하여 거절하는 것이 단적으로 의무화된다. 왜냐하면 자기 확신이 결여되었다는 것은 불충분한 신앙의 결과이고 따라서 은총이 불충분한 결과이기 때문이다. (……) 둘째, 자기 확신에 도달키 위한 가장 탁월한 수단으로 끊임없는 직업 노동이 엄명된다. 이러한 노동만이 종교적 회의를 씻어 버리고 구원의 확실성을 제공한다는 것이다."(87)

세속적 노동은 칼뱅파 신자가 '예정설' 때문에 느낄 수 있는 불안감을 치유하는 적합한 수단으로 권장되었다. 칼뱅주의는 "세속적 직업 생활에서 신앙을 증명할 필요가 있다는 사상"(95)을 추가했다. 세속적 노동은 구원에 대한 불안을 떨쳐 버리는 기술적 수단이었다. 이를 통해 칼뱅주의자들은 "신은 스스로 돕는 자를 돕는다는 것"을 입증했다. 칼뱅주의자들은 세속적 노동을 통해 "자신의 구원—정확히 말해 구원의 확신—을 스스로 창조"(90)했던 것이다. 예정을 확인할 수 있는 표지를 노동에서 찾는 과정에서 프로테스탄트 특유의 직업관이 등장한다. 그들은 '천직'이라는 독특한 개념을 만들어 냈다.

천직과 세속적 금욕주의 8

천직이라는 독특한 개념의 등장

베버는 프로테스탄트가 지배적인 지역에서 등장한 새로운 단어에 주목한다. 직업을 독일어로 Beruf라 한다. 이 단어는 종교적 색채를 지니고 있는 berufen이라는 동사에서 유래했다. Berufen은 신에게서 부름을 받았다는 뜻을 지닌다. 베버는 "독일어의 Beruf라는 단어에, 그리고 아마 더 분명하게 영어의 calling이라는 단어에 종교적 내용이 적어도 함축"(59)되어 있다는 사실에 주목한다.

우리는 어떤 직업을 갖게 될지 스스로 결정할 수 있다. 비행기 조종사가 될지, 패션모델이 될지, 영화배우가 될지, 외교관이 될지 개인이 스스로 결정할 영역이다. 그 누구도 한 사람의 직업을 대신 결정해 주지 않는다. 또한 우리는 원한다면 몇 번이고 직업을 바꿀 수 있다. 직업의 선택권은 헌법에도 보장된 인간의 기본권리 중 하나에 속한다.

반면 천직(天職)은 세속적 의미의 직업 개념과는 다르다. '천직'은 말 그대로 내가 선택한 것이 아니라 하나님이 선택한 직업이라는 뜻을 지닌다. 만약 우리가 어떤 직업을 천직이라고 생각한다면 우리는 직업을 쉽게 바꿀 수 없다. 그 직업이 천직인 이상, 그 직업은 내가 선택한 것이 아니라 하나님이 선택한 것이다. 만약 천직인 직업을 내 마음대로 바꾼다면 하나님의 뜻을 거역하는 불경한 행위가 된다. 베버가 주목하는, 직업을 지칭하는 독일어 단어 Beruf와 영어 단어 calling은 바로 세속적 직업 개념과는 구별되는 '천직'이라는 뜻을 포함한다.

이 단어는 프로테스탄트적 특징을 지닌다. 가톨릭을 믿는 지역에서는 '천직'에 해당되는 단어가 출현하지 않았다. 이 단어는 주로 프로테스탄트 지역에서 사용되었다. "가톨릭적인 민족에게서 우리가 직업(사회적 위치, 일정한 노동 분야라는 의미에서)이라고 부르는 것과 유사한 색조의 표현을 찾아볼 수 없고, 이는 고전적 고대에서도 마찬가지인 반면에 주로 프로테스탄트적인 모든 민족에게는 그러한 표현이 존재"(59)한다. 이런 점에서 천직 개념은 프로테스탄트 특유의 직업관이다. 직업을 지칭하는 단어 Beruf는 일의 종류를 가리키는 것이 아니라 일에 대한 태도를 일컫는다.[59] 즉 세속적 직업 활동을 지칭하기 위해 종교적 색채가 짙은 단어가 사용되기 시작했다는 점은 프로테스탄트 특유의 노동에 대한 태도에 원인이 있다.

천직 개념은 성경 번역 과정에서 출현했다. '천직' 개념의 등장 역시 종교개혁과 연루된 대전환 과정에서 파생된 것이다. 이 단어의 출현은 "성경 자체에 함축된 정신이 아니라 번역자의 정신에서 유래"(59)한 것이다. 이 단어는 기독교 일반의 문화적 전통이 아니라 프로테스탄트를 지향하는 번역자의 정신과 관련 있다. 이 단어만큼 전통주의와 구별되는 프로테스탄트의 독특한 지향을 잘 알려 주는 단어는 없다. 이 단어는 종교개혁의 산물이다.

이것 때문에 세속적인 일상의 노동이 종교적 의미를 갖는다는 생각이 발생했고, 그러한 의미의 직업 개념이 최초로 형성되었다. 그러므로 직업 개념에는 모든 프로테스탄트 교파의 중심 교리가 표현되어 있다. 이 교리는 도덕적 계율을 명령과 권고로 나누는 가톨릭적 태도를 거부하고, 신을 기쁘게 하는 유일한 방법은 수도승적 금욕주의를 통해 현세적 도덕을 경시하는 것이 아니라 오직 현세적 의무를 완수하는 것이라 보았다. 이러한 현세적 의무는 각 개인의 사회적 지위에서 발생하는 것으로서 곧 그의 직업이 된다.(60)

천직 개념은 프로테스탄트의 현세적 금욕주의의 뿌리다. 천직 개념을 수용한 개인은 세속의 노동이 최고의 도덕적 의무라 생각한다. 이러한 태도는 종교적 행동을 일상생활에서 실현하려는 것이고, 세속의 실존적 요구를 초월해 은둔하는 삶을 추구하는 가톨릭 수도원의 이상과 대조된다.

천직 개념은 기독교의 전통주의와는 구별되는 노동에 대한 태도를 낳았다. 기독교 내부에는 "자신의 필요를 넘어서는 물질적 이익의 추구는 은총을 받지 못한 징후로 여겨졌고, 그것이 더군다나 타인의 희생 위에서만 가능한 것이라는 이유로 직접적인 비난"(64)을 하는 전통이 있었다. 하지만 전통주의와 단절한 프로테스탄트의 천직 개념은 전혀 새로운 가치 체계를 구축했다.

루터는 천직 개념에 따라 세속적 노동을 옹호했다. 루터는 "각 개인의 구체적 직업은 그 개인에게 신의 섭리가 지정한 구체적 위치를 충족시키라는 신의 특별한 명령"(64)이라 해석했다. 그랬기에 세속적 직업에서의 성공은 그 사람이 선택받은 자들 중 하나라는 표지로 해석되었다. 부는 더 이상 비난의 대상이 아니었다. 부는 착실하고 근면한 노동의 산물인 한 도덕적으로 인정받았다.

천직 개념의 등장과 더불어 노동은 더 이상 시시포스의 징벌로 이해되지 않는다. 자본주의 정신은 노동을 죄라 여기지 않는다. 자본주의 정신은 노동 그 자체를 윤리적으로 의미 있다고 생각한다. 노동은 원죄가 아니다. 오히려 노동, 곧 일을 한다는 것은 인간의 가장 고귀한 윤리적 목표이며, 노동은 내적 의무감과 관련된다. 프로테스탄트는 가톨릭의 복음주의적 권고와는 달리 직업의 중요성을 점차 강조해 갔다. 노동이라는 "세속적 의무의 이행은 모든 경우 신을 기쁘게 하는 유일한 방법이며, 그것만이 신의 뜻이며, 따라서 허용된 모든 직업은 신 앞에서 같은 가치"(61)를 지닌다고 정당화되었다.

프로테스탄트의 세속적 금욕주의와 여가 통제

노동과 부의 추구가 정당화됨에 따라 프로테스탄트적 규율은 노동에 대립하는 행동을 죄악시하게 되었다. 프로테스탄트적 규율의 작용은 디오니소스적 힘에 대해 아폴론적 규율이 부과[60]되는 것과 유사했다. 우선 프로테스탄트는 노동을 죄악이라 여겼던 고대의 흔적을 지워야 했다. 그리고 노동의 의미를 강조하면서 동시에 일을 하지 않는 여가란 즐거운 날이 아니라 경건한 날이라는 의식을 주입하고자 했다. 노동에 해를 끼치는 모든 행동은 엄격하게 규제되었다. 루터는 종교개혁을 시작하면서 성인들과 관련된 과도하게 많은 축제일들을 없앴다. 노동은 미덕이지만 여가는 악덕과 관련되어 있다고 생각했기 때문이었다. 그래서 중세 시대 때의 휴일은 음악과 춤, 음주를 즐기는 시간이었으나, 프로테스탄트들에게 유일하게 허락된 주일은 묵도와 명상을 위한 날이지 음주가무를 즐기는 날이 아니었다.[61] 세속적 직업이 신의 은총을 확인할 수 있는 지극히 성스러운 영역으로 격상되자마자, 여가는 악마의 유혹이 개입할 수 있는 위험스러운 영역으로 받아들여졌다. 오락에 대한 프로테스탄트적 해석은 전통적 해석에 상반되는 것이었다. 프로테스탄트의 세속적 금욕주의는 향락에 대한 전통적 태도와 날카롭게 대립했다. 오락은 위험한 행동이자 합리적 금욕주의의 적이었다.

오락은 합리적 목적, 즉 육체적 활동력을 위해 필요한 기분풀이를 위해서만 사용되어야 했던 것이다. 그에 반해 그들에 있어 무절제한 충동의 방자한 충족 수단으로서의 오락은 위험한 것이었으며, 오락이 순수한 향락 수단이 되거나 경기에서의 공명심, 조야한 본능, 비합리적인 내기 욕구 등을 일으킨다면 분명 거부되어야 할 것이었다. 직업 노동과 신앙에서 벗어나는 충동적 삶의 향락은 그것이 봉건 영주의 스포츠건 아니면 평민들의 무도장이나 술집 출입이건 간에 그 자체가 합리적 금욕의 적이었다.(133)

프로테스탄트는 인간의 행동을 이분법적으로 신의 은총을 표현하는 행위와 그렇지 않은 행위로 분류한다. "(인간은) 신의 은총을 통해 그에게 주어진 재화의 관리인일 뿐이며, 성서에 나오는 종처럼 단 한 푼의 위탁된 돈이라도 보고를 올려야 하며, 신의 영광이 아닌 자신의 향락을 목적으로 지출하는 것은 어느 정도 위험한 일이다."(135) 그래서 프로테스탄트는 오락에 대해 매우 엄격한 금욕주의적 태도를 견지했다. "극장은 청교도에 있어 배척되어야 할 것이었고, 문학과 예술에 있어 에로틱한 것과 나체를 엄격히 불허하는 점에서는 그보다 더 과격한 견해는 있을 수 없었다. 잡담, 불필요한 것, 허황된 과시 등의 개념이―이 모든 말은 비합리적이고 무목적적이며 따라서 금욕적이 아닌 것으로, 특히 신의 영광을 위한 것이 아니라 인간의 영광을 위한 것이라는 함축을 갖는다―냉정한 합목적성을 결정적으로 옹호하고 모든 예술적 동기의 사용에 반대하기 위해 자주 사용되었다."(135)

노동은 효과적인 금욕 수단이었다. 노동이 효과적인 금욕 수단이라는 점은 이미 중세 시대의 수도원에서도 잘 알려진 사실이었다. 노동은 프로테스탄티즘이 경계했던 모든 '유혹'을 예방할 수 있는 가장 효과적인 수단으로 활용되었다. 프로테스탄티즘적 생활방식에서는 생육하고 번성하라는 계명에 따라 행해지는 부부간의 섹스만 허용되었다. 다른 목적을 위해, 즉 종족 번식이 아니라 쾌락을 위한 섹스는 대표적인 악마의 유혹으로 취급되었다. 섹스라는 악마의 유혹을 물리치기 위해 권장되는 네 가지 처방이 있었다. 노동은 감식, 채식과 냉수욕과 더불어 정욕을 억압할 수 있는 효과적인 금욕 수단으로 권장되었다.

프로테스탄트적 금욕주의가 윤리적 토대를 확고하게 확보한 지역에서는 노동을 신성시하는 태도가 자연스럽게 등장할 수밖에 없었으며, 이러한 뿌리가 자본주의의 발전이라는 거대한 변화를 낳을 수 있는 문화적 배경을 형성했다. "분명한 것은 직업으로서 노동의무의 이행을 통해 신의 나라에 대한 배타적 추구와, 교회 규율이 당연히 무산계급에 강제했던 엄격한 금욕은 자본주의적 의미에서의 노동 생산성을 강력히 촉진시키지 않을 수 없었다는 것이다."(143)

그러면 프로테스탄트 교회에서는 노동의 의미를 어떻게 설교했을까? 그 실례를 리처드 백스터의 예를 통해 살펴보자.

놀라운 설교자 리처드 백스터

1615년 영국에서 태어난 리처드 백스터는 프로테스탄트 교회의 유명한 목사이자 설교가였으며 저술가였다. 백스터는 프로테스탄트들에게 많은 영향을 미친 수많은 저술을 남겼다. 그의 저서 중에서 유럽의 프로테스탄트에게 가장 많은 영향을 준 책으로 『성도의 영원한 안식』(*The Saints Everlasting Rest*, 1650)이 있다. 베버는 백스터를 분석하면서, 그에게서 '전통주의'의 대립물인 '자본주의 정신'의 이념형을 도출해 낸다. 백스터는 키더민스터에서 사역을 시작했다. 백스터가 설교를 시작할 때만 하더라도 키더민스터 사람들은 프로테스탄트적 금욕주의와는 거리가 먼 생활을 했다고 한다. 백스터가 키더민스터에 처음 갔을 때의 상황은 이랬다.

그 시대에 그곳은 주로 카펫을 짜는 3000~4000 사이의 인구가 살고 있었고 도덕적으로 영적으로 천박하게 무지하여 관습적인 우상숭배에 빠져 있었다. 몇 명만이 경건의 씨가 뿌리를 내릴 마음을 가지고 있었고 사람들 대부분은 (……) 더러움을 넘어선 타락, 그리고 무례함을 넘어선 무질서였다. (……) 그곳의 목사는 기독교의 요소들을 무시하고 연약한 모습으로 설교했지만 그의 설교를 듣는 사람들은 그에게 연민과 조소를 보냈다. 그는 술집의 단골손님이었으며, 때로 술에 취해 있었으며 일 년에 네 번밖에 설교하지 않았다. 그러한 사람이 그 교구의 목사였고, 그의 부목도 그와 같았다. 그 도시에 그 교구 목사와 같은 사람이 하나 있었는데 위원회에 고소되었다. 그 사람은 그 교구의 외진 부분에서 예배의 책임을 지고 있었다. 그는 흔히 보는 술꾼, 주정뱅이로서, 욕지거리 싸움꾼으로 묘사되고 있고, 어린이의 교리문답집을 이해할 만한 지식도 가지지 못한 무식한 무능력자로 묘사되었다.[62]

하지만 백스터가 설교를 시작하자마자 키더민스터의 풍경은 놀랍게 변화했다. 백스터는 매우 능력 있는 설교자였다. 백스터의 설교 능력 덕택으로 교회에는 사람들이 넘쳐 났고, 사람들은 그의 설교에 담겨 있는 금욕주의적 생활을 영위하였다.

회중은 대개 가득 찼기 때문에 내가 그곳에 온 후에 우리는 어쩔 수 없이 다섯 개의 발코니를 지어야 했다. (……) 주일날 길거리에서 난잡한 모습은 발견할 수 없고 길을 지나간다면 백여 가정이 시편을 찬송하고 설교를 되풀이하는 소리를 들을 수 있다. 한마디로 말해 내가 그곳에 처음 왔을 때에는 한 거리에 하나님을 예배하고 하나님의 이름을 부르는 가정은 한 가정이었으나, 내가 그곳을 떠날 때 하나님을 예배하지 않고 하나님의 이름을 부르지 않는 가정은 여러 거리에 몇 가정밖에 안 되었다. 그들은 진정한 경건을 고백하지 않음으로 우리에게 그들의 진실성에 대한 소망을 주지 않았다. 가장 좋지 못한 사람들은 여관이나 주점에 있었기 때문에 대개 각 가정에 있는 사람들은 경건하게 보였다. (……) 그리고 눈물을 흘리지 않거나 표면상으로 경건한 삶에 대해 진지한 약속을 하지 않고 나와 헤어진 사람은 거의 없었다.[63]

백스터의 설교는 매우 흥미로운 구조를 지녔다. 그는 성경에서 교리적이고 도덕적인 원리들을 끄집어냈고, 이런 원리들이 일상생활에서 어떻게 적용될 수 있는지를 신자들에게 전달하는 방식으로 설교했다. 이러한 설교 방식은 매우 효과적이었다. 백스터의 설교는 프로테스탄트의 금욕주의가 교회에서 벗어나 신자들의 일상생활로 파고드는 가교였다. 백스터는 설교를 통해 프로테스탄트적 금욕주의에 의해 해석된 바람직한 일상의 모습을 신자들에게 전달했고, 신자들은 그의 설교를 받아들이면서 자신의 일상을 프로테스탄트적 금욕주의의 원리에 따라 재구성했다.

부자가 비난 받지 않으려면?

백스터는 종교적·도덕적 생활을 장려하는 것을 인생의 목표로 삼았다. 백스터의 저작 속에는 얼핏 보면 "부 자체는 커다란 위험이며 부에 대한 욕망은 끝이 없고, 부의 추구는 신의 나라가 갖는 엄청난 중요성에 비하자면 무의미할 뿐 아니라 도덕적으로 위험"(124)하다는 판단이 스며들어 있다. 이런 점에만 주목한다면, 우리는 백스터가 전형적으로 종교적 의미의 금욕주의를 설파하고 있다고 결론 내릴 수도 있다. 하지만 백스터의 주장을 좀 더 자세히 들여다보면, 우리는 그의 주장이 전통주의에서 벗어났음을 알 수 있다.

백스터는 부 자체를 경계하지 않았다. 그는 부에 도달한 자가 빠질 수 있는 위험을 경고할 뿐이다. 백스터가 비난하는 행위는 부를 축적하는 행위 자체가 아니라, 재산을 모은 자가 "부를 향락하여 태만과 정욕을 낳고, 특히 거룩한 삶에 대한 추구에서 이탈"(125)하는 것이었다. 재산을 모은 자가 재산을 향락의 도구로 쓰는 데에만 몰두하고 더 이상 노동하지 않으려 하는 '안주의 위험'을 백스터는 경고했던 것이다. 만약 부에 도달한 사람이 "자신의 구원을 확신하기 위해 낮 동안은 자신을 보내신 이의 일을 행"(125)하는 것을 소홀히 하지 않는다면, 그 사람은 비난받을 수 없다. 백스터는 부자를 공격하기 위한 토대를 마련한 것이 아니라, 오히려 부자가 비난당하지 않을 근거를 확보해 준 셈이다. 물론 부자이기는 하더라도 노동을 계속한다는 전제가 있기는 하다.

부자라고 해서 반드시 도덕적으로 비난받을 이유는 없다. 하지만 현실 세계에서 부자들은 도덕적 비난을 받는다. 왜 그럴까? 그들은 노동하지 않기 때문에 비난을 받는다. 우리는 보통 '불로소득'을 도덕적으로 비난한다. 불로소득은 노동의 땀 없이 벌어들인

리처드 백스터

백스터는 자본주의 정신의 원형이라고 불러도 손색이 없는 내용을
신자들에게 설파했다. 그는 성경에서 교리적이고 도덕적인 원리들을
끄집어냈고, 이런 원리들이 일생생활에서 어떻게 적용될 수 있는지를
신자들에게 전달했다. 그의 설교는 프로테스탄트적 금욕주의가
교회에서 벗어나 신자들의 일상생활로 파고드는 가교였다.

소득이기 때문이다. 부자가 더 이상 노동하지 않으면서 불로소득에 의지하여 향락을 일삼는다면, 그는 비난의 대상이 된다. 백스터는 부자라도 일하지 않으면 먹지 말아야 한다고 주장했다. "부자도 일하지 않으면 먹지 말아야 한다. 왜냐하면 부자가 자신의 욕구 충족을 위해 노동을 필요로 하지 않는다 해도 그가 가난한 자와 함께 복종해야 하는 신의 율법이 그것을 명령하고 있기 때문이다." (127) 노동은 신의 소명이며, 신이 각자에게 부과한 명령이기에 노동하지 않는 부자는 부자라는 것 때문이 아니라 노동하지 않기 때문에 비난받을 수 있다.

하지만 그 반대의 경우도 가능하다. 만약 막대한 부를 획득하고도 불로소득에 의지하지 않고 열심히 일한다면 그는 사회적으로 정당화될 수 있다. "확고한 직업의 금욕적 중요성을 강조한 것이 근대의 전문 직업을 윤리적으로 신성시했듯이, 이윤 기회에 대한 섭리적 해석은 기업가를 신성하게 만들었다. 영주의 고상한 방종과 벼락부자의 과시적 허세는 모두 금욕주의가 증오하는 것이다. 이에 반해 정직하게 자수성가한 부르주아는 대단한 윤리적 평가를 받았다."(130) 이 전제는 놀라운 힘을 발휘한다. 이러한 해석을 따르면 "직업 의무의 행사로서 부의 추구는 도덕적으로 허용될 뿐만 아니라 명령된 것"(130)으로 격상된다.

백스터의 유명한 저작의 제목처럼 '성도가 영원한 안식'에 도달하기 위해서라면 부자든 아니든 그에 상관없이 노동에 충실해야 한다. 영원한 안식에 도달하기 위해 우리에게 현세에 허락된 시간이 너무나도 짧다. 만약 시간을 제대로 관리하지 못한다면 우리는 영원한 안식에 도달할 수 없다.

"따라서 시간 낭비는 모든 죄 중에서 최고의 중죄다. 인생의 기간은 각자의 부르심을 확인하기에는 너무 짧고 소중하다. 사교, 무익한 잡담, 사치 등을 통한 시간 낭비, 그리고 건강에 필요한 만큼을 상회하는 수면 시간에 의한 낭비는 도덕적으로 큰 비난을 받는다. (……) 시간은 무한히 귀중한 것이다. 왜냐하면 낭비된 모든 시간은 신의 영광에 봉사하는 노동에서 감해지기 때문이다. 그러므로 비활동적인 명상은 적어도 그것이 직업 노동을 희생하고 행해진 것에 한해서는 무가치하고 궁극적으로는 단연 배척되어야 할 것이다."(125)

백스터는 자본주의 정신의 원형이라고 불러도 손색이 없는 내용을 신자들에게 설파했다. 백스터의 설교 내용을 분석해 보면 우리는 왜 베버가 "근대 자본주의 정신, 그리고 그뿐 아니라 근대 문화의 구성 요소 중 하나인 직업 사상에 입각한 합리적 생활방식이 기독교적 금욕 정신에서 탄생"(144)했다고 결론 내렸는지 잘 알 수 있다. 만약 프로테스탄티즘의 세속적 금욕주의가 종교 윤리에 불과했다면, 프로테스탄트의 금욕적 세계관은 자본주의 정신의 확산에 기여하지 못했을 것이다. 프로테스탄트의 금욕적 세계관은 "수도원의 방에서 나와 직업 생활"(145)로 옮겨진 금욕주의이다. 따라서 금욕주의적 세계관의 영향력은 단지 교회에만 국한되지 않았다. 이 금욕주의적 세계관이 "기계적 생산의 기술적, 경제적 전제에 의존하는 근대적 경제 질서의 강력한 우주를 구축하는

 프로테스탄트 윤리와 자본주의 정신, 노동의 이유를 묻다

데 일조"(145)할 수 있었던 가장 큰 이유는 금욕주의 세계관이 수도원에서 걸어나와 "현세적 윤리를 지배"(145)하기 시작했기 때문이다. 수도원에서 걸어나와 현세적 윤리를 지배하기 시작한 프로테스탄트 금욕주의의 이념형을 우리는 미국 독립운동의 아버지 벤저민 프랭클린에게서 확인할 수 있다.

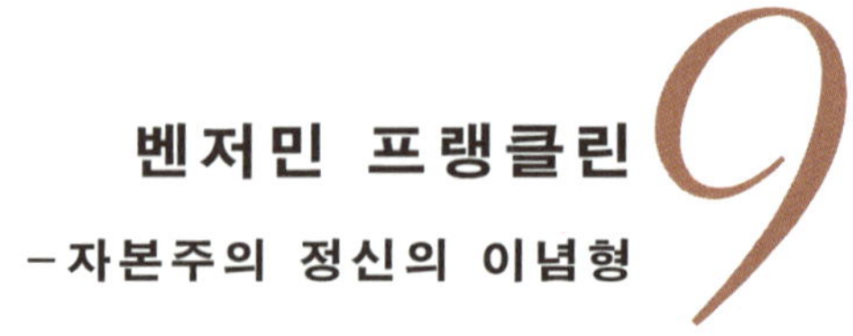

벤저민 프랭클린
-자본주의 정신의 이념형

벤저민 프랭클린은 미국 달러 중 가장 고액인 100달러 지폐의 초상 인물일 정도로 미국인들이 추앙하는 사람이다. 그는 프로테스탄트의 관점과 계몽주의의 이상을 조합한 새로운 노동윤리를 만들어 냈는데, 프랭클린의 세계관과 생활 윤리는 '자본주의 정신'의 또 다른 이념형이라 할 수 있다. 프랭클린은 세속화된 백스터와 같은 인물이다.

베버는 이미 11살 때부터 자서전을 통해 프랭클린에 대해 알고 있었다.[64] 1875년 베버는 크리스마스 선물로 프랭클린 자서전을 받았다고 한다. 베버는 프랭클린의 자서전을 매우 꼼꼼하게 읽었다. 어린 시절 자신에게 강력한 인상을 주었던 프랭클린의 생활 윤리 속에서 베버는 자본주의 정신의 이념형을 발견했다. 베버는 프랭클린의 생활 윤리 속에서 백스터의 프로테스탄트 생활 윤리가 세속화된 형태로 제시되고 있음을 간파했다.

인쇄업자 프랭클린

벤저민 프랭클린은 1706년 1월 17일 보스턴에서 비누와 양초 제조업자였던 조시아 프랭클린의 막내아들로 태어났다. 프랭클린의 아버지 조시아는 전형적인 청교도였다. 1683년 8월 조시아는 아내와 아이들을 데리고 미국행 배에 올랐다. 당시 청교도들은 종교적 이유와 경제적 동기에 따라 미국으로 이주하고 있었다. 조시아도 이 길을 택했던 것이다. 조시아는 보스턴에 정착하고 동물의 지방을 이용해 양초나 비누를 만드는 사업을 시작했다. 당시 양초와 비누는 사치품에서 생활필수품으로 전환되고 있었기에 사업 전망은 매우 좋았다. 그는 금욕주의자였다. 조시아는 1697년 자치행정단의 일원이 되었다. 자치행정단은 사람들이 일요일에 교회에 나와 열심히 예배를 드리는지를 감독하는 단체였다. 자치행정단은 또한 밤에 돌아다니거나 술을 마시거나 안식일을 지키지 않는 행위, 방탕하고 불경한 태도, 신성모독이나 각종 무신론적 행위를 감시했다.[65]

어린 시절 프랭클린은 유독 책을 좋아하는 소년이었다. 프랭클린은 10살 때부터 아버지의 양초 공장에서 일하기 시작했고, 1718년 형 제임스가 경영하던 인쇄소의 도제가 되었다. 책을 좋아했던 프랭클린은 인쇄소에서 일하게 되면서 책을 볼 수 있는 기회가 더 많아졌다. 제임스 프랭클린은 1721년 '뉴잉글랜드 커런트'라는 신문을 창간했다. 프랭클린은 익명으로 이 신문에 에세이를 투고하기 시작했다. 언론인으로서 프랭클린의 경력은 이렇게 시작되었다.

프랭클린과 형의 관계는 썩 좋지 않았다. 프랭클린이 형이 경영하는 인쇄소에서 일할 때, 형은 동생에게 10년 동안 도제로 일

프랭클린 동상

프랭클린은 오늘날의 노벨상과 비슷한 영국왕립학회에서 주는
코플리 황금 메달을 받기도 하고, 제퍼슨과 함께 독립선언서의 초안을
작성하기도 했다. 사업가로서 성공하고, 과학, 문학, 정치 등
다양한 분야에서도 업적을 남겼다. 사진은 보스턴의 올드시티홀 앞에 서 있는
프랭클린 동상이다. 그는 미국을 탄생시킨 건국의 아버지로
미국인들의 추앙을 받는다.

하겠다는 계약서를 쓸 것을 강요했다. 계약서대로라면 프랭클린은 꼼짝 못하고 21살이 될 때까지 형의 도제로 일해야 했다. 하지만 프랭클린에게 기회가 왔다. 매사추세츠 식민지 일반의회가 제임스 프랭클린의 이름으로 신문을 발행하지 못하도록 명령하자, 1723년 2월 11일부터 제임스는 발행인을 프랭클린으로 바꾸어 신문을 발행했다. 프랭클린이 신문 발행인이 되는 걸 합법적으로 만들기 위해 형은 도제 계약을 종결하는 문서에 서명했다. 프랭클린은 이 기회를 놓치지 않았다. 그는 책을 팔아 뱃삯을 마련했다. 1723년 9월 25일, 17살의 프랭클린은 필라델피아로 도주했다.

유머가 넘치는 사교적 성격을 지닌 프랭클린은 필라델피아에서 여러 후원자를 만났고, 후원자들의 도움으로 필라델피아에 자신의 인쇄소를 설립할 수 있었다. 그는 매우 부지런했다. 근면함 덕택으로 사업은 번창했다. 프랭클린은 자신의 근면함에 자부심을 갖고 있었다. 또한 그는 자신이 근면함을 전파하는 전도사가 되어야 한다는 의무감을 지니고 있었다. 인쇄소 운영은 사실 프랭클린에게는 일종의 '천직'이었다. 그는 평생 동안 자신이 필라델피아의 인쇄인으로 기억되기를 원했다.[66] 1729년 10월 프랭클린은 '펜실베이니아 가제트'의 발행인이 되었다. 타고난 근면성 덕택으로 프랭클린은 자신의 천직인 인쇄업에서 대단한 성공을 거두었다.

프랭클린은 공익사업에도 깊은 관심을 지니고 있었다. 그는 필라델피아 최초의 공공 도서관, 소방 회사, 병원, 의용군, 그리고 야간 순찰대와 대학 설립에 앞장섰다. 1751년 필라델피아 아카데미가 설립되었다. 이 아카데미는 1791년에 펜실베이니아 대학으로 개명했다.

프랭클린은 공익사업가였을 뿐만 아니라 아마추어 과학자였으며 동시에 정치인이었다. 그는 1736년 펜실베이니아 의회의 서기가 되면서 정치가의 길을 걷기 시작했다. 1751년 필라델피아 의원 중 한 사람이 사망하자, 프랭클린은 그를 대신하여 의원이 되었다. 이때만 해도 프랭클린은 독립파가 아니었다. 그는 식민지 독립이 아니라 부강한 영국 제국의 건설을 추구했다. 하지만 프랭클린은 영국 방문에서 관리들의 냉대를 겪고 나서 독립운동가로 변신했다. 1776년 그는 제퍼슨이 초안을 작성한 미국 독립선언서 작성에 참여하면서 독립운동가로서의 활동에 정점을 찍었다. 그는 1785년 펜실베이니아 대표로 제헌의회에 참여했으며, 1790년 4월 7일 84세로 일생을 마감했다.

프랭클린의 세속적 금욕주의와 자기 관리 기법

프랭클린은 자기 관리에 매우 뛰어난 사람이었다. 그는 자기 관리를 위해 바람직하다고 생각하는 13가지 덕목의 리스트를 작성했다. 나쁜 습관을 버리고 좋은 습관을 기르기 위해서였다. 절제, 침묵, 질서, 결심, 절약, 근면, 진실, 정의, 중용, 청결, 침착, 순결, 겸손이 바로 프랭클린이 선정한 인생의 덕목이었다.

나는 그 당시 절실하게 필요한 13가지 덕목을 적고, 그 각각에 간단한 교훈을 붙여서 의미의 범위를 정확히 표시했다. 덕목과 교훈은 다음과 같았다. 1. 절제 : 우둔할 정도로 먹지 말고, 취하도록 마시지 말라. 2. 침묵 : 타인이나 자신에게 유익하지 않은 말을 하지 말라. 필요 없는 말도 삼가라. 3. 질서 : 모든 물건은 제자리에 있게 하라. 모든 일은 때를 잃지 말고 하라. 4. 결심 : 해야 할 일을 다 하겠다고 결심하고 결심한 일은 반드시 실행하라. 5. 절약 : 타인이나 자신에게 도움이 되는 경우를 제외하고는 돈을 쓰지 말라. 즉 낭비를 말라. 6. 근면 : 시간을 헛되이 쓰지 말라. 항상 유익한 일을 하라. 불필요한 일을 끊어 버려라. 7. 진실 : 속임수로 남을 해치지 말라. 깨끗하고 공정하게 사고하라. 말할 때도 그렇게 하라. 8. 정의 : 해로운 일을 하거나 당연히 베풀어야 할 은혜를 베풀지 않음으로써 과오를 저지르지 말라. 9. 중용 : 극단을 피하라. 자존심이 상하는 말이라도 당연하다고 생각되면 참으라. 10. 청결 : 몸이나 옷이나 주택에 불결한 것이 있으면 그대로 두지 말라. 11. 침착 : 사소한 일, 일상사나 불가피한 일이 있을 때 마음이 들뜨지 말라. 12. 순결 : 건강과 자손을 위해서만 성생활을 하라. 우둔하고 쇠약해질 정도로, 또는 부부의 평화와 평판에 해가 될 정도로 문란하지 말라. 13. 겸손 : 예수와 소크라테스를 따르라.[67]

그는 계몽적이면서도 실용적인 사고의 소유자였다. 만약 그가 사변가였다면 덕목의 리스트를 작성하는 데 그쳤을 것이다. 실용적인 사고에 뛰어난 프랭클린은 자신이 선정한 덕목을 실천할 수 있는 효과적인 방법을 고민했다. 그는 덕목 실천을 위해 독특한 방식을 개발했는데, 프랭클린은 자서전에서 자신이 개발한 방법을 아주 상세하게 소개하고 있다.

절 제

우둔할 정도로 먹지 말고 취하도록 마시지 말라

	일	월	화	수	목	금	토
절제							
침묵							
질서							
결심							
절약							
근면							
진실							
정의							
중용							
청결							
침착							
순결							
겸손							

프랭클린의 일주일 계획표

피타고라스의 금언집에 따라, 하루하루 나의 실천을 살펴볼 필요가 있다고 생각한 나는 다음과 같은 방법을 궁리해 냈다. 조그만 수첩을 마련해 한 페이지마다 한 개의 덕목을 적었다. 그리고 붉은 펜으로 각 페이지마다 세로로 13줄을 만들고 덕목을 차례대로 적고, 가로로 7칸을 만들어 일주일을 표시했다. 해당하는 날짜의 어떤 덕목에서 잘못을 저질렀다면 검정색 펜으로 표시를 해 두었다. 나는 일주일마다 하나의 덕목을 과제로 삼아 엄격히 지키도록 노력했다.[68]

이런 방법을 사용하여 프랭클린은 표를 만들고 하루의 생활을

아침	5 6 7	기상, 세수, 하나님께 기도, 하루의 일을 계획, 그날의 결심을 함, 하던 공부를 계속하고 아침 식사
낮	8 9 10 11	일
	12 1	독서, 장부를 살펴보고 점심 식사
	2 3 4 5	일
저녁	6 7 8 9	모든 것을 정돈하고 저녁 식사, 음악 감상, 오락, 대화, 하루의 반성
밤	10 11 12 1 2 3 4	수면

프랭클린의 일일 계획표

기록했다. 프랭클린은 일주일마다 덕목 하나를 정했다. 예를 들어 절제를 덕목으로 정한 주에는 위 그림과 같은 표를 만들고, 그 표 위에 일주일을 기록한다. 프랭클린은 자신이 사용한 방법을 이렇게 설명한다. "나는 일주일마다 하나의 덕목을 과제로 삼아 엄격히 지키도록 노력했다. 첫째 주에는 '절제'와 관련해 어떤 잘못도 저지르지 않으려고 무던히 경계했다. 이때 나머지 덕목들은 평상 시대로 그냥 내버려 두었고, 단지 매일 저녁마다 그날의 과실을 적어 넣었다. 그래서 만일 첫째 주의 '절제'란에 아무런 표시가 없이 깨끗하다면 그 덕행의 습관은 아주 강해진 것으로, 그 반대라면 약화된 것으로 간주했다. 따라서 다음 행의 덕목도 포함시켜 주의를 기울이면, 다음 주에는 그 덕목의 빈칸도 깨끗해질 수 있으리라고 생각했다."[69]

일주일을 이런 방식에 따라 체크하는 프랭클린이 하루하루를 그냥 보냈을 리가 없다. 프랭클린은 일주일 계획표뿐만 아니라 일일 계획표도 고안했다. 프랭클린이 사용한 하루 계획표를 보면, 그가 얼마나 하루하루를 체계적으로 조직하려 했는지 잘 알 수 있다. 그는 하루를 아침과 낮, 저녁과 밤으로 구분했다. 낮은 노동하는 시간이었고, 밤은 수면을 취하는 시간이었다. 아침과 저녁은 노동하는 시간과 수면을 취하는 시간을 연결시켜 주는 중간 고리였다.

그는 밤 10시면 잠자리에 들고 아침 5시에 일어났다. 요즘 유행하는 표현을 사용하자면 그는 이른바 '아침형 인간'이었다. 그는 하루에 8시간을 일했고, 일하지 않는 시간은 내일을 준비하고 하나님에게 기도를 하기 위해 소비했다. 그는 아침에 일어나면 그날에 해야 할 일들을 계획했다. 그리고 기도했다. 하루 8시간의 노동이 다 끝나고 나면 집에 돌아와 하루를 정리하면서 자신을 반성했다. 퇴근하자마자 술집으로 직행하고 밤늦게까지 술을 마시다가 노래방을 전전하는, 우리가 흔히 볼 수 있는 직장인들과 비교해 보면, 프랭클린이 얼마나 금욕적인 생활을 하고 노동을 중요하게 여겼는지를 잘 알 수 있다.

프랭클린은 자신이 하루 24시간을 계획대로 수행하는지를 체크했다. 하루를 반성할 수 있는 근거를 찾기 위해서였다. "나는 자기반성을 위해 이 계획을 실천에 옮겼고, 이따금 중단한 일도 있었지만 한동안 꾸준히 계속해 나갔다. 처음 생각했던 것보다 훨씬 많은 과오를 발견하고 깜짝 놀라기도 했지만 그것들이 줄어드는 것을 보고 만족스럽기도 했다."[70]

프랭클린은 자신의 절제된 삶을 매우 자랑스러워했다. 그는 자신이 성공한 이유 또한 모두 체계적이고 계획적으로 절제된 삶을 살았기 때문이라 생각했다. "내가 이토록 오래도록 건강을 유지하고, 또 아직도 훌륭한 체격을 지니고 있는 것은 다 절제 덕분이다. 일찍부터 형편이 펴고 재산을 모을 수 있었던 것, 다방면의 지식을 쌓아 유능한 시민이 될 수 있었던 것, 그리고 학식 있는 사람들 속에서 상당한 명성을 얻을 수 있었던 것은 모두 절약과 근면 덕분이었다."[71]

'가난한 리처드의 달력'과 프랭클린의 덕목

프랭클린은 자신이 터득한 삶의 기술을 전파하는 전도사가 되고자 하였다. 자신의 생활 윤리를 타인들에게 전달하기 위해 그는 매우 흥미로운 시도를 했다. 1732년부터 25년간 리처드 선더스란 필명으로 근면과 절제 같은 덕의 중요성을 깨우치는 글들을 달력 여백에 적어 놓은 '가난한 리처드의 달력'을 발행한 것이다. '가난한 리처드의 달력'은 프랭클린에게 두 가지 목적을 달성할 수 있도록 해 주었다. 달력을 판매하여 돈을 벌었으며, 또 이를 통해 프랭클린은 자신의 금욕적 생활철학을 널리 알릴 수 있었다. 이 달력은 프랭클린 인쇄소의 주된 수입원이었다. 달력은 25년 동안 발행되면서 프랭클린의 이념을 전달했다. 1739년에 발행된 달력에 실려 있는 격언들을 살펴보자.

-벌어들인 것보다 적게 쓰는 법을 알고 있다면, 그대는 납을 금으로 변화시키는 현자의 돌을 갖게 될 것이다.

-인심 좋게 돈을 잘 쓰는 사람은 다른 사람들의 지갑을 지켜 주는 구세주다.

-친척 중에 바보와 창녀와 거지가 없는 사람은 천둥 번개의 자손이다.

-근면은 행운의 어머니다.

-희망만을 먹고사는 사람은 죽을 때 한숨밖에 남지 않는다.

-몰랐더라면 좋았을 것이라고 나중에 후회할 일은 애초에 시작하지 말라.

-부는 그것을 소유하는 사람의 것이 아니라, 그것을 향유하는 사람의 것이다.

-바라보는 것은 쉽지만, 꿰뚫어보는 것은 어렵다.

-신중한 사람의 입을 통하면, 공공연한 이야기도 비밀이 된다.

-충실하고, 튼튼하고, 검소한 여자를 집안에 들여라.

-흥정에는 친구도 인간관계도 존재하지 않는다.

-현금으로 물건을 사는 사람은 스스로 자활할 뿐만 아니라 다른 사람들도 먹여 살리는 셈이 된다.

-하늘은 스스로 돕는 자를 돕는다.

-신뢰를 팔아 버린 사람은 친구를 잃고, 항상 돈만을 찾아 헤맨다.

-그대의 집에 유리 창문이 있다면, 이웃집에 돌을 던지지 말라.

-말이 많으면 실수도 많다.

　-채권자는 채무자보다 기억력이 더 좋다.

　-잘 믿는 사람만이 속임을 당한다.

　-계산서를 쓰기 전에 물건을 먼저 받고, 돈을 지불하기 전에 계산서를
　먼저 쓰라.

　-굶주림으로 죽은 사람은 많지 않지만, 포식해서 죽은 사람은 많다.[72]

달력에 실려 있는 격언들은 프랭클린의 생활 윤리를 잘 보여 준다. 달력에는 유머러스한 격언도 실려 있지만, 대개의 격언은 프랭클린이 덕목이라 생각했던 생활 윤리를 그대로 반영하고 있다. 프랭클린은 게으름을 경계했다. 그리고 게으름이 초래할 위험에 대한 경고를 잊지 않았다. 프랭클린이 보기에 "게으름은 많은 이들에게 훨씬 더 많은 세금을 부담하게 하고, 나태함은 병을 초래해서 수명을 단축"시키는 행위이며, "나태함은 노동으로 인해 지치는 것과는 비교도 안 될 정도로 빠르게, 마치 쇠붙이를 녹이는 녹처럼 우리의 몸을 갉아"[73]먹는 행위였다.

프랭클린은 시간을 관리할 수 있는 능력이 매우 중요하다고 생각했다. 왜냐하면 시간 관리를 통해 사람들은 한정적 자원인 시간을 빈틈없이 사용할 수 있기 때문이다. "여러분 중에서 '그러면 여가를 즐길 여유도 가질 수 없나요?' 하고 물으시는 분이 계시는 것 같군요. 리처드가 했던 말을 한 마디 더 들려 드리겠습니다. '여가를 얻고 싶으면 시간을 잘 활용하라. 1분도 제대로 쓸 자신이 없는데 1시간을 허비하지 말라.'"[74]

시간을 버는 방법은 프랭클린이 보기에 낭비하는 시간을 없애

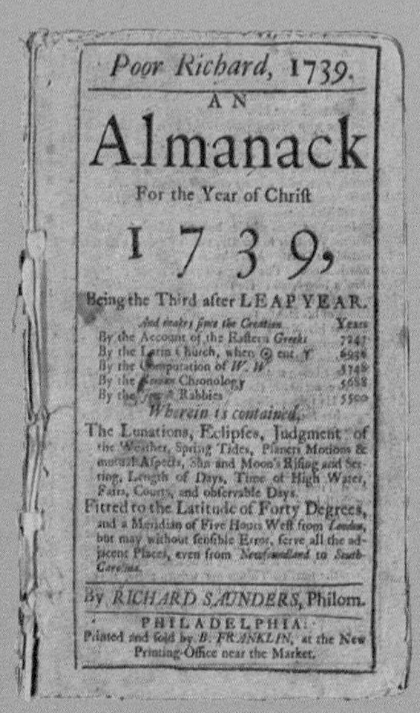

'가난한 리처드의 달력' 표지

프랭클린은 자기 관리에 매우 뛰어난 사람이었다. 그는 체계적이고
계획적으로 절제된 삶을 살았다. 그는 자신의 절제된 삶을 매우
자랑스러워했고, 자신이 터득한 삶의 기술을 전파하는 전도사가 되고자
하였다. 그리하여 '가난한 리처드의 달력'을 발행했고,
이를 통해 노동을 숭상하는 금욕주의를 전파했다.

는 방법뿐이다. 시간이 빠듯하다고 느끼는 것은 시간을 효과적으로 관리하지 못하고 있다는 증거다. 반대로 시간 관리를 잘 하는 사람은 시간의 빠듯함을 느끼지 못한다. 그래서 프랭클린은 "나태함은 매사를 어렵게 만들지만 근면함은 매사를 수월"하게 만든다는 신념을 견지했다. "늦게 일어나는 자는 하루 종일 뛰어다녀도 자신이 해야 할 일을 다 해내기 어렵다. 게으른 탓에 너무 느리게 움직이다 보면 가난에게 목덜미를 잡히게 된다. 그대가 일을 끌고 가야지 일에 끌려다니지 말라. 일찍 잠자리에 들고 일찍 일어나라. 그것이 사람을 건강하고, 부유하고, 현명하게 만들어 준다."[75]

프랭클린은 근면을 행운의 어머니라 생각했다. 신이 인간을 판단하는 기준도 근면성이라 생각했다. 그래서 그는 신이 근면한 자에게 모든 것을 내려 주지만, 게으름뱅이는 행운 따위는 넘보지도 말아야 한다고 생각했다. 게으름은 신의 뜻에 어긋나는 행동이기 때문이다. 근면을 최고의 덕목으로 생각하는 프랭클린은 당연히 금욕적인 생활을 영위했다. 그는 쾌락을 경계했다. "근면은 안락함과 풍요로움과 존경심을 가져다줍니다. 쾌락을 날려 보내세요."[76]

근면한 프랭클린은 여가 시간이 생겨도 헛되이 보내지 않는다. 프랭클린은 여가 시간을 독특한 방식으로 정의한다. 프랭클린에게 여가 시간은 게으름을 피우는 시간이 아니라 "유용한 일을 하는 시간"이다. 여가는 부지런한 사람만이 얻을 수 있는 특권이다. 그에 따르면 게으른 사람은 결코 여가를 얻을 수 없다. "여가 생활과 게으른 생활은 다른 것"[77]이기 때문이다. 여가 시간에도 쾌락을 멀리하는 금욕주의적 생활방식은 유지되어야 한다. 프랭클린은 자그마한 유혹도 치명적인 독이 될 수 있음을 늘 자각하고 있었다. "여러분은 가끔 마시는 차와 달콤한 술, 조금 돈이 드는 식생활, 약간 좋은 옷들과 가끔씩 살짝 즐기는 유흥이 큰 문제가 될 수 없을 것이라고 생각할지도 모릅니다. 하지만 명심하십시오. 티끌 모아 태산이라는 말이 있습니다."[78]

프랭클린과 자본주의 정신의 이념형

프랭클린은 베버가 생각했던 '자본주의 정신'의 이념형에 가장 가까운 인물이다. 막스 베버는 프랭클린에게서 자본주의 정신의 이념형을 포착해 낸다. "시간이 돈임을 잊지 말라. 매일 노동을 통해 10실링을 벌 수 있는 자가 반나절을 산책하거나 자기 방에서 빈둥거렸다면, 그가 오락을 위해 6펜스만을 지출했다 해도 그것만 계산해서는 안 된다. 그는 그 외에도 5실링을 더 지출한 것이다. 아니 갖다 버린 것이다."(34)

베버는 이러한 주장에 포함되어 있는 독특한 윤리에 주목한다. 노동을 숭상하는 금욕주의는 노동 이외의 다른 목적을 위해 소비되는 시간을 '낭비'로 취급했다. "시간 낭비는 모든 죄 중에서 최고의 중죄다. 인생의 기간은 각자의 부르심을 확인하기에는 너무 짧고 소중하다. 사교, 무익한 잡담, 사치 등을 통한 시간 낭비, 그리고 건강에 필요한 만큼을 상회하는 수면 시간에 의한 낭비는 도덕적으로 절대적인 비난을 받는다."(125)

프랭클린은 백스터와는 달리 종교적 인물은 아니었지만, 자신의 생활철학을 정당화하기 위해 프로테스탄트적 성경 해석을 끌어들인다. "도대체 인간에게서 돈을 짜내야 할 이유가 무엇이냐고 묻는다면 벤저민 프랭클린은, 비록 그 자신이 종파적 색채가 없는 이신론자지만, 그의 자서전에서 성경 구절로 대답한다. (……) 즉 '그의 직업에 충실한 자를 보았느냐? 그는 왕 앞에 서리라.'가 그것이다."(39) 프랭클린 도덕의 실질적인 알파이자 오메가는, 합법적인 방법이라는 전제가 있다면 화폐 취득은 그가 직업상으로 유능하다는 표시라는 점을 적극적으로 정당화하는 것이다. 이런 점에서 프랭클린은 대체로 부를 죄악시했던 전통주의적 태도와는 확연하게 구별되는 세계관을 대변하고 있는 셈이다.

프랭클린이 대표하는 '자본주의 정신'은 그렇다면 근대적 자본주의가 성숙한 나라에서만 등장하는 것일까? 자본주의 정신은 자본주의 발전 과정을 반영한 것인가? 이 질문에 대해 베버는 마르크스와는 다르게 대답한다. 그는 프랭클린의 출생지 매사추세츠에서는 분명히 "자본주의 정신이 자본주의적 발전에 앞서 존재했다는 사실"(40)을 강조한다. 이런 점에서 베버는 조야한 마르크스주의적 해석과는 확실하게 경계를 긋고 있다. "순전히 화폐 부족 때문에 줄곧 경제가 자연적 교환 상태로 위축될 위험에 처해 있고, 대기업이라고는 흔적도 없고, 은행은 단지 시작에 불과했던 18세기 펜실베이니아의 산골짜기 소시민적 상황에서 윤리적으로 칭송되고, 심지어는 의무적인 생활태도로 여겨질 수 있었다는 것은 어떻게 역사적으로 설명될 수 있을까? 이에 대해 물적 관계가 사상에 반영된 것이라 말하는 것은 전혀 무의미하다."(56)

프랭클린의 초상이 실린 미국의 100달러 지폐

프랭클린의 세계관과 생활 윤리는 '자본주의 정신'의 이념형이라 할 수 있다.
이로써 합법적인 방법을 통한 화폐 취득은 그가 직업상으로
유능하다는 표시라는 점이 적극적으로 정당화된다. 미국 달러 중
가장 고액인 100달러 지폐와 프랭클린은 썩 잘 어울려 보인다.

18세기 펜실베이니아는 자본주의가 성숙할 수 있는 제도적 조건을 갖추지 못한 지역이었다. 그렇기에 상부 구조(사상)는 토대(물질적 기반)에 조응한다는 마르크스주의의 해석에 따르면 펜실베이니아에서는 '자본주의 정신'이 등장할 수 없다. 하지만 베버는 프랭클린이야말로 자본주의의 물적 토대가 형성되기 이전에도 '자본주의 정신'이 출현 가능하다는 것을 보여 주는 사례라고 여겼다.

세속화된 프로테스탄티즘은 우리 생활을 어떻게 바꾸었나?

종교 지도자인 백스터의 경우 프로테스탄트에 속한 사람들에게만 영향을 미칠 수 있지만, 또 다른 자본주의 정신의 이념형을 보여 주는 프랭클린은 프로테스탄트가 아닌 사람들에게도 영향을 미칠 수 있다. 이런 점에서 베버의 저작에 등장하는 자본주의 정신의 이념형인 백스터와 프랭클린의 비교는 매우 흥미롭다.

백스터의 경우 베버가 서문에서 제기했던 질문, 즉 "왜 자본주의의 발흥은 특정 종교와 관련되어 있을까?"에 대한 해답을 내려 준다. 프로테스탄트는 새로운 신학 해석을 통해 노동과 부의 추구를 정당화했고, 노동을 은총에 도달할 수 있는 유일한 통로라 생각했다. 이런 사고방식을 지닌 프로테스탄트들은 전통주의적 사고방식을 지녔던 가톨릭교도보다 열심히 노동했고 부를 추구했다. 그 결과 프로테스탄트 지역에서 유독 자본주의가 발전하는 결과를 낳았던 것이다.

또 다른 자본주의 정신의 이념형인 프랭클린은 세속화된 자본주의 정신의 사례를 대표하는 인물이다. 프랭클린은 백스터처럼 자본주의 정신의 설교자였지만, 둘 사이의 차이는 명확하다. 백스터가 신앙을 전파하는 과정에서 자본주의 정신을 설교한 셈이라면, 프랭클린은 자본주의 정신을 전파하기 위해 신학이 절대적으로 필요하지 않았다. 백스터는 설교자였지만, 프랭클린은 세속적인 사업가였다. 이런 점에서 프랭클린은 현대에 살고 있는 우리들에게 훨씬 더 많이 영향을 끼치는 인물이라 할 수 있다.

프랭클린으로 대표되는 세속화된 자본주의 정신이 헤게모니를 장악하게 되면, 프랭클린 이후에 태어나는 사람들은 세속화된 윤리로 자리 잡은 자본주의 정신에 적응할 수밖에 없다. 자본주의 정신이 헤게모니를 장악한 이후에 태어난 사람들에게 자본주의 정신은 개인이 선택할 수 있는 영역이 아니다.

막스 베버는 자본주의 정신이 헤게모니를 장악하고 난 이후에 태어나는 사람들의 운명에 대해 『프로테스탄트 윤리와 자본주의 정신』의 마지막 부분에서 예언처럼 이렇게 언급하고 있다. "이 우주는 오늘날 이러한 동력기 안에서 태어나는 모든 사람—단지 직접 경제적 영리 활동을 하는 자뿐 아니라—의 생활양식을 압도적인 강제력으로 규정하고 있으며, 또한 그 마지막 화석연료가 다 탈 때까지 아마 규정할 것이다."(145) 프로테스탄트 금욕주의는 특정 종교를 믿는 집단에서 통용되는 세계관이었지만, 자본주의의 확산과 더불어 프로테스탄트 금욕주의에 기반한 노동윤리는 전 세계로 퍼져나갔다. 그 이후 프로테스탄트 노동윤리는 개인이 선택할 수 있는 세계관이 아니라, 근대 사회에 사는 모든 사람들이 적응해야만 하는 외적 환경으로 자리 잡았다.

프로테스탄트 노동윤리가 막 생겨날 무렵이라면, 프로테스탄트 노동윤리가 싫은 사람은 다른 종교를 선택함으로써 동시에 노동윤리에서도 벗어날 수 있었을 것이다. 하지만 점차 프로테스탄트 노동윤리에서 개인이 벗어나는 것은 불가능해졌다. 자본주의의 발전과 더불어 프로테스탄트 노동윤리의 힘은 점차 커졌다. 프로테스탄트 노동윤리는 개인이 절대 벗어날 수 없는 운명처럼 작용하기 시작했다. "운명은 이 겉옷을 강철 같은 겉껍질로 만들어 버렸다. 금욕이 세계를 변혁시키고 세속에 작용하기 시작하자 이 세상의 외적인 재화는 역사에서 유례를 찾을 수 없을 정도로 인간에 대한 힘을 증대시켜 갔고 마침내는 벗어날 수 없는 것이 되었다."(145)

베버의 예언처럼 우리는 벗어날 수 없는 절대 구속의 틀 속에 갇혀 있다. 이제 프로테스탄트의 세속적 금욕주의는 개신교를 믿는 사람들에게만 영향을 미치는 틀이 아니다. 합리적 자본주의가 전통적 세계를 대체하고 난 후, 냉전 체제가 붕괴되고 합리적 자본주의가 인간의 경제를 구성하는 유일한 원리로 확고하게 자리 잡고 난 후 자본주의 정신은 우리가 벗어날 수 없는 "강철 같은 겉껍질"이 되었다.

프로테스탄트의 노동윤리가 지속적으로 세속화되면 현대 사회에서 어떤 모습으로 나타날까? 자본주의 정신이 어떻게 세속화되는지에 관한 탐색은 전적으로 우리의 몫이다. 3부에서는 바로 현대 사회 속에서 등장한 변형된 프로테스탄트 노동윤리를 다룬다.

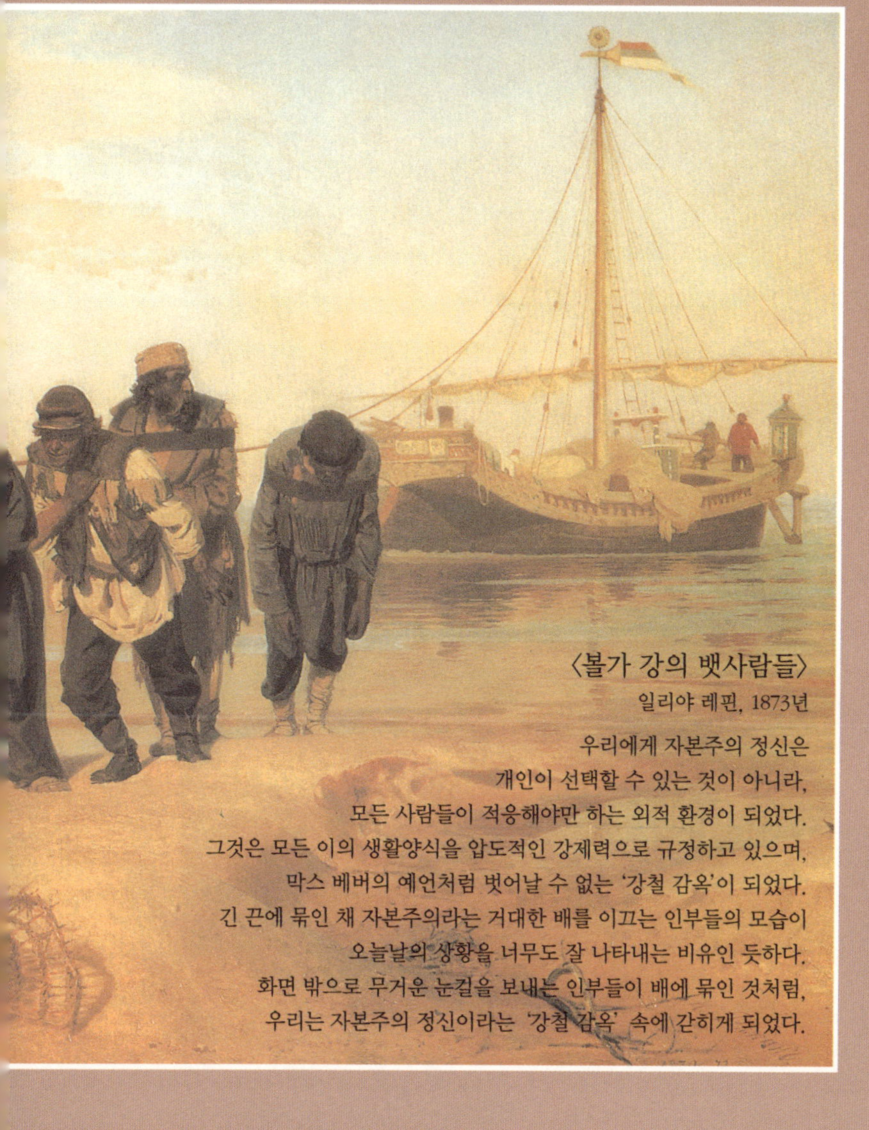

〈볼가 강의 뱃사람들〉
일리야 레핀, 1873년

우리에게 자본주의 정신은
개인이 선택할 수 있는 것이 아니라,
모든 사람들이 적응해야만 하는 외적 환경이 되었다.
그것은 모든 이의 생활양식을 압도적인 강제력으로 규정하고 있으며,
막스 베버의 예언처럼 벗어날 수 없는 '강철 감옥'이 되었다.
긴 끈에 묶인 채 자본주의라는 거대한 배를 이끄는 인부들의 모습이
오늘날의 상황을 너무도 잘 나타내는 비유인 듯하다.
화면 밖으로 무거운 눈길을 보내는 인부들이 배에 묶인 것처럼,
우리는 자본주의 정신이라는 '강철 감옥' 속에 갇히게 되었다.

III

21세기 노동윤리

노동윤리의 변화 10

베버는 『프로테스탄트 윤리와 자본주의 정신』에 수록된 논문들을 1904~1905년에 발표했지만, 베버가 이 책에서 분석 대상으로 삼은 시기는 20세기 초반이 아니라 자본주의가 발생하기 시작한 1620~1720년경이다. 그렇다면 우리가 살고 있는 현재와 베버의 분석 대상 사이에는 무려 300년의 시차가 있는 셈이다. 300여 년의 세월이 지난 지금, 베버가 이 책에서 주장한 명제들이 21세기에도 여전히 유효할까? 베버가 분석했던 프로테스탄트 윤리를 오늘날 노동의 문화적 의미를 분석할 때 그대로 적용할 수 있을까?

이론의 역사성과 현재성

이러한 질문에 답하기 전에 먼저 '역사성'과 '현재성'이라는 개념에 대해 생각해 보자. 역사성과 현재성은 사회과학 이론을 이해할 때 매주 중요한 개념적 틀이다. 모든 이론은 그 이론이 탄생한 역사적 배경과 밀접한 관련을 맺고 있다. 이런 점에서 모든 이론은 그 이론이 출현한 시기의 특정한 배경에서 자유롭지 못하다. 그렇기 때문에 매우 뛰어난 이론이라 할지라도 이론이 설명하는 대상의 특성이 변하면 이론이 갖고 있던 현실을 설명할 수 있는 능력이 사라지는 경우가 있다. 이런 일들은 사회과학 이론에서 종종 벌어진다. 사회과학은 변화무쌍한 사회를 대상으로 삼고 있기 때문이다. 아무리 이론이 훌륭하다 하더라도, 그 이론이 설명하는 사회 자체가 변하면 우리는 불가피하게 그 이론의 설명력에 제한을 가해야 한다. 이론의 '역사성'이라는 개념이 바로 이러한 것을 말한다.

역사성이 한 이론이 갖고 있는 시대적 한계를 지칭하는 개념이라면, 현재성이라는 개념은 이론이 출현한 시기의 한계를 뛰어넘어 매우 오랜 시기까지 설명력을 갖는 경우를 의미한다. 이론의 '현재성'은 우리가 고전이라 부르는 저서에서 두드러지게 나타나는 특징이다. 한 이론이 고전으로 자리 잡을 수 있는지 여부는 전적으로 그 이론이 이후 시기에도 현재성을 지녔다고 학자들이 평가하느냐에 달려 있다. 만약 몇천 년 전에 쓰인 책이라 할지라도 우리가 그 책 속에서 현재성을 발견한다면, 현대의 학자들은 여전히 그 책에 대해 언급을 할 것이다. 이럴 경우 그 책은 비록 수천 년 전에 쓰인 책이라 할지라도 망각되지 않고 세월을 견디고 살아남는다.

모든 사회과학 이론에는 역사성의 측면과 현재성의 측면이 동시에 들어 있다. 따라서 어떤 힘이 더 크게 작용하는가에 따라 어떤 사회과학 이론은 발표된 지 몇 년도 안 되어 사라질 수 있고, 어떤 이론은 오히려 세월이 가면 갈수록 새로운 현재성이 발견되어 각광을 받을 수도 있다. 그렇다면 베버의 『프로테스탄트 윤리와 자본주의 정신』은 어떠한 경우일까? 베버의 이 책은 '고전'의 반열에 올라 있다. 하지만 우리가 고전을 해석할 때 주의해야 할 점이 하나 있는데, 비록 그 책이 고전이라 하더라도 그 책에 담긴 모든 명제가 우리가 살고 있는 시대에도 그대로 타당하다고 간주할 수 없다는 점이다. 만약 우리가 시대의 변화를 무시하고, 고전이라는 이유로 그 책에 담겨 있는 내용을 그대로 현대 사회에 적용하려 한 다면, 그것은 '교조주의'라 부를 수 있다. 따라서 우리는 베버의 의 미를 현재성과 역사성이라는 두 가지 틀로 냉정하게 분석할 필요 가 있다. 즉 베버의 명제 중에서, 역사성에 의해 현대 사회에 그대 로 적용하기에 한계를 보이는 것과 현재성 때문에 우리가 현대 사 회를 분석하는 데 도움이 되는 이론을 구별해야 하는 것이다.

막스 베버의 역사성 : 종교의 탈주술화와 노동윤리의 변화

막스 베버 명제의 역사성부터 생각해 보자. 베버의 여러 명제 중에 서 가장 유명한 이른바 탈주술화(합리화) 테제는 바로 베버 자신 의 이론에도 적용이 된다. 탈주술화는 다른 말로 표현하면 이른바 세속화이다. 세속화란 성(聖 : 신성한 것, 종교적인 것, 관념적인 것) 이 속(俗 : 세속적인 것, 현실적인 것, 물질적인 것)을 지배했던 중세 와는 달리, 근대 사회에 와서 과거 성스러운 영역에 해당되는 것으 로 여겨졌던 것들이 속의 영역으로 바뀌게 되는 과정을 의미한다. 세속화가 진행되면 진행될수록 성스러운 것은 인간의 일상을 지 배하는 힘을 상실해 간다.

베버의 명제에 따르면 프로테스탄트 윤리는 성과 속의 관계가 바뀌기 시작한 근대 사회의 출현 과정에서 나타났다. 베버가 언급한 탈주술화는 프로테스탄트 자체에도 적용된다. 베버가 프로테스탄트 윤리의 특성을 분석했던 시기에 수행했던 종교의 역할은 크게 변했다. 탈주술화 과정은 우리가 살고 있는 사회에서 매우 급진적으로 진행되고 있다. 특히 종교의 탈주술화 과정은 베버가 합리적인 자본주의가 출현할 수밖에 없는 문화적 풍토를 지니고 있었다고 분석했던 서구 사회에서 더욱더 급진적으로 일어난다. 서구 사회에서 종교는 베버가 분석했던 시기와는 달리 평범한 사람들의 일상을 지배할 수 있는 힘을 점차 상실해 가고 있다.

베버가 분석했던 시기에 프로테스탄티즘이 인간의 태도와 신념 형성에 매우 막대한 영향을 끼쳤다면, 탈주술화가 강화된 현대 사회에서 개인들의 태도와 신념은 종교가 아니라 대중매체에 의해 좌지우지된다. 따라서 베버가 『프로테스탄트 윤리와 자본주의 정신』에서 분석했던 프로테스탄티즘과 근대적 노동윤리 사이의 관계를 현대 사회에서는 다른 각도에서 해석해야 한다. 자본주의가 전 지구적 현상으로 자리 잡으면서 자본주의적 노동윤리는 프로테스탄티즘이라는 특정 종교와의 관련성을 급격하게 상실해 갔다. 또한 노동윤리는 종교적 담론에 의해 구성된다기보다, 점차 세속적인 힘에 의해서 구성된다. 우리는 이러한 변화에 주목해야 한다.

막스 베버의 현재성 : 종교 이후의 노동윤리와 근대인의 불안

베버 명제의 역사적 제한성을 언급한다고 해서, 베버의 명제가 우리 시대를 이해하는 데 아무런 의미가 없다고 결론 내릴 수는 없다. 오히려 베버의 명제는 우리 시대의 다양한 노동윤리를 이해할 수 있는 매우 훌륭한 이론적 틀이다. 우리는 왜 일을 할까? 아니 우리는 왜 일을 해야 한다고 생각할까? 출세하기 위해서일까, 아니면 타인에게 인정받기 위해서일까? 일을 하는 이유로 출세와 인정을 들먹이는 건 사치스러운가? 우리는 그저 생존하기 위해 일하는가? 일을 하는 이유, 혹은 일을 해야만 하는 이유는 다양하다. 하지만 노동은 누구나 면제받기를 원하는 고통스러운 행위라는 사실은 분명하다. 노동은 일종의 시시포스의 운명과도 같다.

그래서 고대인들은 노동을 경멸했다. 그들은 노동을 노예의 활동이라 폄하했다. 자유인의 특권은 노동해야 하는 의무에서 벗어나는 것과 동일했다. 노동을 해야 하는 노예와 노동의 의무를 면제받은 시민으로 양분되어 있던 고대 사회와는 달리, 현대 사회에 사는 우리는 노동을 해야 할 의무와 노동에서 벗어나고 싶은 욕망을 동시에 지니고 있다. 이러한 이유로 우리는 정신분열 상태에 놓일 수밖에 없다.

'월요병'이라는 게 있다. '월요병'이 생기는 이유는 간단하다. 우리가 그다지 노동을 좋아하지 않기 때문이다. 만약 우리가 노동을 끔찍이도 사랑한다면, 우리는 '월요병'이 아니라 더 이상 일을 할 수 없어서 생기는 '금요병'을 앓을 것이다. 월요일 아침 출근길에서 지하철을 기다리는 시민들의 얼굴은 그다지 밝지 않다. 하지만 주말 시내에서 마주치는 직장인의 얼굴은 사뭇 다르다. 그들은 매우 명랑한 표정을 짓고 있다. 왜일까? 일하지 않기 때문이다. 일을 해야 하는 요일과 일을 하지 않는 요일로 구분하는 월화수목금토일 시스템에 따라 움직여야 한다는 건 정신분열증을 강화시키는 요소다. 월요일부터 금요일까지 그는 우울하다. 한 주에 아주 잠깐 토요일과 일요일에 그는 행복하다. 현대인은 조울증에 시달릴 수밖에 없다. 현대인은 한편으로 노동해야만 하는 노예지만, 동시에 고대 사회의 귀족만이 지닌 문화와 예술을 향유하고자 하는 취향을 고스란히 물려받았다. 현대인은 게으름에 대한 유혹에 늘 노출되어 있다. 고대 사회의 귀족처럼 다시 게으르게 살고 싶은 욕망을 현대인은 누구나 갖고 있다.

현대인은 자문한다. 왜 나는 열심히 일해야 하는 것일까? 현대인이 앓고 있는 정신분열증이 치유되지 않으면 자본주의 축적 구조는 위험에 처한다. 일을 해야 하는 이유에 대해 성찰하는 한가한 노동자를 자본주의는 원하지 않는다. 자본주의가 원하는 노동자는 노동 그 자체를 미친 듯 원하는 사람이다. 그러므로 정신분열증을 앓고 있는 현대인에게 노동해야만 하는 이유를 설명하는 담론체계는 병을 치유할 수 있는 방법이다. 우리가 일을 해야 하는 이유를 설명해 주는 노동윤리는 정신분열증 치료제다. 또한 노동윤리는 노동자와 경영자의 치열한 경쟁이 벌어지는 영역이다. 노동윤리는 자본주의를 지탱하는 숨겨진 힘이다. 노동윤리가 성공적으로 관리되는 한, 아무리 노동이 힘들어도 노동자들은 자본주의에 저항하지 않는다. 노동자에 대한 자본주의의 헤게모니는 노동윤리를 통해 행사된다.

막스 베버의 주장처럼 프로테스탄트 노동윤리가 두려움에 기초하고 있음은 매우 시사적이다. 칼뱅주의자들은 두려움 때문에 자발적으로 노동의 세계로 들어갔고, 노동을 통해 구원을 확인하

〈창고-31〉
조양규, 1956년

형체만 남은 창고 노동자, 그는 마모되어 사라져 간다. 그는
실존을 잃어버렸다. 이 그림은 노동자의 실존을 묻고, 노동자의 삶의 조건을
성찰하게 한다. 그러나 자본주의는 실존을 찾거나 자신을 성찰하는 노동자를
원하지 않는다. 그러면 자본주의는 위태로워지기 때문이다. 이 때
노동윤리가 위태로움을 막는다. 노동윤리는 자본주의의 숨겨진 힘인 것이다.

고자 했다. 종교개혁은 근대인들에게 전례 없는 외로움을 남겼다. 가톨릭교도들과 달리 그들은 고립된 존재였다. 가톨릭 신자들은 사제의 도움으로 신의 은총을 얻을 수 있었다. 하지만 사제의 도움을 거절한 프로테스탄트들은 종교개혁에 참여한 대가를 혹독히 치러야 했다. 칼뱅주의자들은 이전에 사제에게 의존했던 은총의 확인을 혼자 해 나가야 했다. 가톨릭의 낡은 세계를 거부했다는 점에서 그들은 용기 있는 자들이었으나, 그들의 용기가 두려움까지 제압할 수는 없었다. 두려움을 이겨 내기 위해 그들은 노동했다. 칼뱅주의는 노동만이 유일하게 은총을 확인할 수 있는 수단이라 했다.

현대 사회에서 프로테스탄트 노동윤리는 세속화된다. 현대 사회에서 노동윤리는 종교적 계율과 결부되지 않고, 오히려 세속적 가치가 노동을 규정짓게 된다. 현대인들은 왜 열심히 일할까? 베버의 설명처럼 프로테스탄트는 독실한 신앙을 지니고 있었기에 칼뱅주의의 독특한 신학관에 의해 열심히 노동할 수밖에 없었다. 과연 현대 사회에서도 열심히 일하는 사람은 모두 프로테스탄트일까? 그렇지 않다. 노동윤리는 더 이상 프로테스탄트에게서만 발견되는 독특한 특징이 아니다. 현대인은 종교와 관계없이 노동윤리를 내재화하고 있다.

프로테스탄트 노동윤리는 내적 외로움에 처한 프로테스탄트가 일상의 공포를 치유하는 담론 체계였다. 노동을 불안 치유 수단으로 취급하는 노동윤리 담론 체계는 자본주의의 승리와 더불어 이교도들마저 감복시킨다. 자본주의가 승리한 사회에서 프로테스탄티즘 노동윤리는 종교와 상관없이 이식된다. 자본주의가 승리한 사회에서는 불교도 또한 프로테스탄티즘의 노동윤리에서 벗어날 수 없다. 자본주의는 현대인의 불안을 한편으로 조장하고, 한편으로 이용한다. 현대인은 자본주의가 조장하는 불안에 스스로 적응하여, 불안에 대처하는 자신만의 독특한 노하우를 개발한다.

슈미트는 왜 일하는가? 11

슈미트란 사람이 있었다. 아메리칸 드림을 좇아 미국으로 이민 온 노동자 슈미트는 과학적 관리 기법을 개발하기 위한 실험의 참가자다. 슈미트가 프로테스탄트였는지 아니었는지는 확실하지 않다. 하지만 슈미트는 프로테스탄트로 개종한 사람들이 느끼는 불안감이 없어도 프로테스탄트보다도 더 열심히 노동을 했다. 슈미트는 왜 노동에 열심이었을까?

매뉴얼 없이 일하는 장인

슈미트 이야기를 하기 전에 과학적 관리 기법의 창시자 테일러부터 알아보자. 테일러는 1856년 필라델피아에서 출생했다. 테일러의 아버지는 상당히 부유한 법률가로서 퀘이커 교도 집안 출신이었으며, 어머니는 신대륙으로 이주한 프로테스탄트였다. 가족의 이러한 내력 덕택으로 테일러는 진리에 대한 강렬한 탐구 정신, 사실을 관찰하고 입증하려는 충동과 낭비와 게으름이라는 악을 없애려는 금욕주의적 태도를 그대로 물려받았다. 그는 1876년 필라델피아의 증기 양수기 제조 회사에 도제로 들어갔다. 그는 매우 성실한 도제였다. 담배를 피우지 않았고, 술이나 커피, 차와 같은 자극성 음료도 절대 마시지 않았다. 테일러는 세속적 금욕주의를 실천하는 전형적인 프로테스탄트였다.

도제 시절 테일러는 숙련된 기계공들이 나뭇조각을 자를 때 자와 같은 측정 도구 없이 감으로 자른다는 것을 알게 되었다. 물론 장인들은 마치 자를 대고 정확히 잰 것처럼 오차 없이 나뭇조각을 잘라 냈다. 대단한 솜씨였다. 하지만 테일러는 장인들의 능력에 감탄하기보다 장인들의 작업 관행에서 한계를 발견했다. 작업 공정 전부가 장인들의 숙련도에 전적으로 의존하기 때문에 만약 장인이 공장을 떠나게 되면 공장의 생산성이 심각한 영향을 받는다는 문제점이 있었던 것이다.

우리가 일상에서 흔히 볼 수 있는 예를 생각해 보자. 단골 식당이 있다. 그 식당은 음식 맛이 좋기로 소문이 나 있어서 사람들로 늘 붐빈다. 그런데 어느 날 손님들은 이상한 점을 발견한다. 왠지 음식 맛이 예전과는 다르다는 느낌을 받기 시작한 것이다. 하루하루가 지나면서 단골손님들은 그 식당을 찾지 않았다. 그 식당은 손님들이 기대하는 맛있는 음식을 더 이상 제공하지 않았기 때문이다. 어떤 일이 일어났던 것일까? 손님들은 식당에서 밥을 먹었지만 주방에서 누가 요리를 하는지 전혀 알 수 없었다. 손님들은 식당에서 돈을 받는 주인을 알지만 그 식당에서 손님들에게 제공하는 요리는 손님들이 전혀 볼 수 없는 주방에서 요리사가 만든다. 그 요리사는 솜씨가 뛰어났다. 어떤 요리든 재빠른 솜씨로 척척 해냈고, 누가 맛봐도 감탄이 절로 나오는 놀라운 음식을 만들었다.

그는 자신의 솜씨에 자부심을 느꼈다. 자신의 요리 솜씨에는 그의 인생이 담겨 있었다. 그만의 요리법은 비밀이었다. 그를 고용한 주인도 그 요리사의 비법은 알 수 없었다. 요리사는 주인에게 월급을 받는 고용인이었지만, 그 식당의 진정한 주인은 요리사에게 월급을 주는 주인이 아니라 요리를 하는 주방장이었다. 어느 날 주방장은 식당 주인과 보수를 둘러싸고 다툼을 벌이다가 그 식당을 떠났다. 그 후 새로운 주방장이 왔지만 그 식당의 음식 맛은 예전과는 달랐고, 사람들은 그 식당을 더 이상 찾지 않았다.

테일러가 목격한 공장의 상황도 이 식당과 다르지 않았다. 공장의 생산성은 절대적으로 장인들의 능력에 의존하고 있었다. 만약 장인의 건강에 문제가 생기거나 그가 갑자기 공장을 그만둔다면 그 공장은 제대로 물건을 만들어 낼 수 없는 상황이었다. 공장 주인도 장인도 그 사실을 너무나 잘 알고 있었다. 따라서 공장주는 고용인, 즉 장인을 제대로 통제하지 못했다. 계급상의 지위는 장인을 고용한 공장주가 더 높지만, 공장 내에서 실제로 권력을 갖고 있는 사람은 공장주가 아니라 장인이었다. 테일러는 이러한 상황을 바꾸어 놓고 싶어 했다.

장인이 실제적인 권력을 지닌 이유는 장인이 다른 사람에 의해 대체될 수 없기 때문이다. 즉 장인의 능력은 장인의 육체와 결부되어 있기에 A라는 장인을 대체할 수 있는 사람은 A와 동일한 능력을 지닌 또 다른 장인 B뿐이다. 장인 A와 동일한 능력을 지닌 B가 나타나지 않은 채 장인 A가 사망한다면, 장인 A에 의존해 있던 그 공장은 문을 닫아야 한다. 아주 심각한 문제가 아닐 수 없다. 테일러는 이러한 문제를 아주 간단한 방법으로 해결했다. 그는 장인의 능력을 연구하고, 장인의 능력을 여러 명의 사람들에게 분배하여 장인을 대체 불가능한 존재에서 언제든지 대체 가능한 노동력으로 전환하고자 했다.

이러한 테일러의 노력은 이른바 '과학적 관리' 기법 개발을 향한다. 테일러는 주먹구구식 관리의 문제를 극복하기 위해 과학적이고 체계적인 관찰에 의거하여 노동자들의 구전과 경험에 의해 관습적으로 전달되어 온 노동 과정의 지식을 관리의 영역으로 전환했다. 어느 상황에도 적용 가능한 가장 효과적인 작업 방법들로 표준화에 도달하며, 이를 선발된 노동자들에게 훈련을 통해 주입함으로써 과학에 의존하는 새로운 작업 조직을 만들고자 한 것이다.

노동자들에게 노동윤리를 주입하는 방법을 고안하다

테일러는 1893년부터 여러 회사에 경영관리에 대한 기술 자문 역할을 수행하였고, 1898년에는 베들레헴 철강 회사에서 일을 시작했다. 테일러가 처음으로 직면한 문제는 노동자들 사이에 퍼져 있던 근무 태만 습관이었다. 테일러는 여가 시간에 운동경기를 할 때 중간에 그만두는 것을 수치로 여기는 노동자들이, 왜 공장에서는 근무 태만을 일종의 습관처럼 유지하는지에 관심을 가졌다. 테일러의 관점에서 보자면 그 당시 노동자들에게는 '노동윤리'가 결여되어 있었다. 노동자들은 노동보다는 여가에 관심을 기울였다. 야구시합을 할 때 중간에 그만두면 멸시를 당할 정도로 승부욕에 불

타 있는 노동자들이지만, 공장에 출근하면 노동에 대해 통 관심을
기울이지 않는다. 그들은 일은 체계적으로 하지 않았지만, 일을 천
천히 할 수 있는 방법은 누가 시키지 않아도 체계적으로 고안해 내
기까지 했다. 노동자들은 작업장에서 열심히 일하는 걸 경멸했다.
노동자들은 가급적이면 천천히 일을 하려 했다. 테일러는 그 당시
노동자들이 게으름 피우는 관습에 대해 이렇게 기록하고 있다.

> 노동자가 다음 날 일터로 돌아와서는, 가능한 한 많은 양의 일을 하기
> 위해서 노력하기보다는, 대부분 그가 할 수 있는 것보다 훨씬 적게 일
> 하려고 계획한다. 많은 경우, 달성 가능한 하루 일의 양보다 1/3 또는
> 1/2 정도 적게 일하기 위해 계획한다. 그리고 사실, 만약 그가 자신이
> 할 수 있는 하루의 일에 최선을 다한다면, 그는 동료들에게서 운동경
> 기에서 중도 포기자로 불리는 것보다 더 심한 욕을 먹게 된다. 다시 말
> 하면 온전한 하루의 일을 하지 않기 위해서 가능한 한 천천히 일하는
> 현상, 즉 미국에서의 근무태만, 영국에서의 늘어뜨리기, 스코틀랜드의
> 태업이라는 현상은 산업체에서는 보편적이며 건설업에서도 대규모로
> 발생하고 있다.[79]

노동에 대한 의욕이라고는 조금도 찾아볼 수 없는 노동자들의
의식을 개조하지 않고서는 생산성 향상은 꿈도 꿀 수 없었다. 베버
가 연구했던 프로테스탄트들에게는 은총 확인이라는 강력한 내적
동기가 있었지만, 베들레헴 제철소의 노동자들은 베버가 자본주
의 초창기에 프로테스탄트에게서 발견했던 소명 의식을 찾아볼

수 없었다. 이들에게 '노동윤리'를 주입하기 위해서는 프로테스탄 티즘이라는 종교적 절차 말고 다른 것이 필요했다. 테일러는 종교 가 아니라 '과학적 시간 관리 기법'을 통해 노동자들에게 노동윤리 를 주입하는 방법을 찾아내기 시작했다. 그는 노동자들이 제철소 에서 일하는 방식을 자세하게 관찰했다.

테일러식 실험의 파트너 슈미트

테일러는 노동자들이 선철을 나르는 노동 방식에 주목했다. 베들 레헴 제철소에는 다섯 개의 용광로가 있었고, 노동자들은 용광로 로 선철을 나르는 작업을 하고 있었다. 테일러는 놀라운 사실을 발 견했다. 노동자들이 하루에 옮기는 선철의 양이 사람에 따라 매우 차이가 난다는 점이었다. 그는 노동자들이 선철을 옮기는 과정을 과학적으로 분석해 본 결과 평균적인 성인 노동자들은 47톤의 선 철을 옮길 수 있다는 결론에 도달했는데, 당시 노동자들은 하루에 불과 평균 12.5톤을 옮길 뿐이었다. 게다가 노동자들 사이에서 하 루 노동량은 매우 많은 격차가 났다. 어떤 사람은 평균을 상회하는 선철을 옮겼지만, 어떤 사람이 옮기는 선철의 양은 평균 이하였다. 이렇게 노동량에서 차이가 있어도 이들이 받는 임금은 동일했다. 열심히 일하든 열심히 일하지 않든 받는 임금은 같았기에 노동자 들은 굳이 열심히 일하려 하지 않았다.

테일러는 모든 노동자들이 하루에 47톤의 선철을 옮길 수 있도 록 만드는 방법을 찾아내기로 결심했다. 이 과제를 해결하기 위해 테일러는 실험을 하기로 하고 실험에 참여할 노동자를 찾았다. 그

노동자가 바로 슈미트다. 슈미트는 매우 체력이 뛰어났으며 근면한 노동자였다. 영어에 서툰 이민 노동자였던 슈미트는 다른 노동자들과 어울리지도 못했다. 그는 아메리칸 드림을 실현하고 싶었기에, 돈 버는 것 말고 다른 것에는 전혀 관심을 보이지 않았다. 그는 게으름이라든가 노동의 의무에서 벗어나고 싶은 욕망을 애초부터 지니지 않은 사람처럼 보였다. 그는 당시 하루에 1.15달러를 벌고 있었다. 테일러는 슈미트에게 47톤의 선철을 옮길 수 있으면, 하루에 1.15달러가 아니라 1.85달러를 지불하겠다고 제안하였다. 근면하고 돈을 소중히 여겼던 슈미트에게는 매우 매력적인 제안이었다.

테일러는 슈미트에게 실험에 참여하는 조건을 몇 가지 제시했다. 실험 조건에 따르면 슈미트는 일종의 로봇이 되어야 했다. 선철을 옮기는 노동자들의 동작을 과학적으로 측정하기 위해 테일러는 슈미트에게 명령을 내렸고, 슈미트는 테일러가 명령을 내리는 바에 따라 충실히 수행하기만 하면 된다. 슈미트에게 이렇게 제안했다고 테일러는 기록하고 있다.

만약 당신이 일류 작업자라면 당신은 내일 아침부터 저녁까지 이 사람이 당신에게 지시하는 대로만 해야 합니다. 그가 당신에게 선철을 집어들고 걸으라면 걷고, 그가 당신에게 앉아서 쉬라고 하면 쉬어야 합니다. 당신은 하루 종일 그렇게 일을 해야 합니다. 게다가, 반문해서도 안 됩니다. 즉 일류 작업자는 지시받은 대로만 일해야 하고, 반문해서도 안 됩니다. 알겠어요? 다시 말하건대 그 사람이 당신에게 걸으라면

걷고, 앉으라면 앉고, 그에게 반문해서도 안 됩니다.[80]

슈미트는 판단해서는 안 된다. 슈미트는 생각해서도 안 된다. 어떤 작업을 어떤 방식으로 어떤 시간 간격에 따라 행할지 판단하는 것은 슈미트의 몫이 아니다. 판단은 테일러가 한다. 슈미트는 단지 테일러가 판단한 내용을 그의 명령에 따라 그대로 실행에 옮기기만 하면 된다. 본격적으로 실험이 시작되었다. 테일러는 슈미트의 동작을 주도면밀하게 연구했다. 테일러는 슈미트의 뒤를 따라다니며 "선철을 들고 걸어라", "쉬어라", "걸어라", "선철을 들어라"와 같은 명령을 반복했고 슈미트는 그 명령을 충실히 따랐다. 그 결과는 매우 놀라웠다. 슈미트는 하루에 테일러가 애초에 정한 목표치를 넘어서서 47.5톤의 선철을 옮기는 데 성공했다.

삽질의 과학을 발견하다

슈미트와의 실험에서 성공을 거둔 테일러는 자신감을 얻었다. 그는 이른바 과학적 관리 기법의 우수성을 확신하였고, 과학적 관리 기법이 전 산업의 영역에 적용될 수 있으리라 생각했다. 예를 들어 그는 단순한 것처럼 보이는 삽질에도 과학적 관리 기법이 적용될 수 있다고 믿었다. 그는 이런 질문을 던졌다. "일류급의 삽 작업자가 하루에 가장 많은 양을 실어 나를 수 있는 삽질 한 번당 최적의 삽질 양이 있을 것이다. 이 삽질 양은 얼마인가? 그가 한 번에 5파운드, 10파운드, 15, 20, 25, 30, 아니면 40파운드씩 삽질할 때 하루 동안에 가장 많은 일을 할 수 있는가?"[81]

삽질의 과학을 규명하기 위해 테일러는 슈미트와 같은 실험 파트너들을 선발하여 그들의 동작을 연구했다. 삽질의 과학을 발견하는 실험에 대해 테일러는 이렇게 쓰고 있다. "두세 명의 일급 노동자를 선발하고, 성실하게 실험에 응할 것을 전제로 특별수당을 지급하면서, 삽질 양을 점차 바꿔 보았다. 작업에 수반된 모든 조건들이, 이 같은 종류의 실험에 많은 경험이 있는 사람에 의해서 몇 주 동안 주의 깊게 관찰되었다. 그 결과 일류 노동자는 한 번 삽질에 약 21파운드씩 나를 때 하루 동안에 가장 많은 양의 일을 할 수 있다는 것을 발견했다. 다시 말하자면, 삽질당 24파운드 또는 18파운드씩 나를 때보다도 21파운드일 때 하루에 더 많은 양의 일을 할 수 있었다."[82]

테일러리즘과 차별적 임금체계

과학적 관리 기법은 노동자와 고용인의 관계를 근본적으로 변화시켰다. 과학적 관리 기법이 적용되면 개별 장인의 능력보다는 과학적 관리 기법에 의해 만들어진 체계가 우선시된다. 그 결과 개인은 체계가 명령하는 과업을 성실히 수행하는 부품의 지위로 하락한다. 과학적 관리 기법은 또한 노동자들의 가치관을 변화시켰다.

과학적 관리 기법이 도입됨에 따라 노동자들의 임금체계 또한 정교화되었다. 지금까지 노동자들에게 임금을 차등 지급할 수 있는 기준이 없었기에, 노동자들은 일을 많이 하든 적게 하든 상관없이 동일한 임금을 받고 있었다면, 과학적 관리 기법이 적용되면서 일을 제일 많이 하는 사람과 제일 일을 못하는 사람을 정확하게 비교할 수 있게 되었다. 그 결과 노동자들이 하루에 받는 임금은 그가 얼마나 일을 열심히 하느냐에 따라 엄청나게 달라졌다.

테일러의 실험 파트너인 슈미트의 경우에도 과학적 관리 기법이 적용되기 이전에 1.15달러를 일당으로 받았다면, 과학적 관리 기법 이후 그는 1.85달러를 받게 되었다. 무려 62%에 해당되는 임금 인상이다. 테일러는 이 점을 들어 노동자들을 설득했다. 아니 테일러가 굳이 노동자들을 설득할 필요도 없었다. 테일러는 단지 슈미트의 사례를 노동자들에게 보여 주기만 하면 되었다. 노동자들은 슈미트가 62%나 임금을 더 많이 받게 된다는 사실에 경악했다. 이제 새로운 노동윤리가 창출되었다. 테일러주의의 노동윤리는 프로테스탄티즘처럼 종교적 원리를 갖고 있지 않다. 그 대신 테일러주의의 노동윤리는 새로운 신을 이용한다. 그 신은 바로 '돈'이다.

오직 더 많은 돈을 벌기 위해 일하는 슈미트

슈미트가 일을 하는 이유는 간단하고 명확하다. 그는 돈을 벌기 위해서 일을 한다. 슈미트의 인생 목표 또한 확고하다. 그는 아메리칸 드림을 성취하기 위해 고향을 떠나 이민을 선택한 노동자다. 슈미트는 테일러의 과학적 관리 기법의 가능성을 실증하기 위한 실험용 모르모트에 불과했지만, 슈미트는 모르모트인 자신의 신세를 한탄하지 않는다. 슈미트는 어떤 방식으로 무슨 일을 하든지 문제 삼지 않는다. 슈미트에게는 일을 한 대가로 얼마나 돈을 받을 수 있는지만 중요하다. 그렇기에 슈미트는 왜 자신이 이러한 방식

현대의 신

테일러주의의 노동윤리는 프로테스탄티즘처럼
종교적 원리를 갖고 있지 않다.
그 대신 테일러주의 노동윤리는 새로운 신을 이용한다.
그 신은 바로 '돈' 이다.
이제 돈은 신권 정치 국가의 신처럼 어디나 존재한다.
믿음에 기반을 둔 마법의 체계처럼 신은 단지
돈에 대한 욕망으로 대체된다.

으로 일해야 하는지에 대해 고민하지 않는다.

슈미트의 유일한 목적은 더 많은 임금이다. 근면은 슈미트에게 더 많은 보수를 보장해 준다. 슈미트는 그 외에 다른 것엔 관심이 없다. 슈미트는 행복하지도 않지만 그렇다고 불안해하지도 않는다. 슈미트에게 왜 일을 더 많이 하냐고 질문한다면, 돈을 더 많이 벌기 위해서라고 대답한다. 슈미트는 노동에 아무런 의미도 부여하지 않는다. 노동이라는 행위 자체를 목적으로 생각하는 슈미트는 노동에 대해 아무런 기대를 걸지 않기에, 노동에 대해 아무런 불만도 갖지 않는다. 슈미트는 근면하고 성실하다.

막스 베버가 프로테스탄트의 노동윤리를 분석하던 때만 하더라도 이주 노동은 아주 드문 사례였다. 하지만 우리가 살고 있는 현대 사회에서 이주 노동은 아주 빈번하게 일어난다. 한국이 절대 빈곤의 상태에 있었을 때, 많은 한국인들이 아메리칸 드림을 실현하기 위해 미국으로 이주했다. 미국으로 이주한 한국인들은 매우 근면했다. 미국으로 이민 간 한국인들이 모두 프로테스탄트는 아니었다. 그들 중 어떤 사람은 불교 신자였을 것이고 어떤 사람은 아예 종교가 없었을지도 모른다. 그렇지만 그들은 미국인들보다 열심히 일을 했다. 그들은 슈미트처럼 확고한 인생의 목표를 지니고 있었다. 그들은 더 많은 돈을 벌기 위해 미국으로 이주했던 것이다. 그들이 일을 하는 이유 또한 슈미트와 다르지 않았다.

자본주의의 세계화가 가속화되면서 돈을 더 많이 벌기 위해 이주하는 노동자들은 점차 늘어나고 있다. 우리 주변에도 코리안 드림을 좇아 한국으로 이주 노동을 온 다양한 나라의 사람들을 볼 수 있다. 그들 중 상당수는 기독교 신자가 아니다. 오히려 이주 노동자들 중에서 상당수는 불교나 이슬람교를 믿는 사람들이다. 그렇지만 이주 노동자들은 막스 베버가 분석했던 프로테스탄트들처럼 열심히 일을 한다. 그들이 한국으로 이주한 이유는 전적으로 경제적인 이유 때문이다. 그들은 고된 노동을 견딘다. 그들은 돈을 벌기 위해 한국에 왔기 때문이다. 그들은 프로테스탄트의 세속적 금욕주의를 실현하고 있는 것처럼 보인다. 하지만 그들의 금욕주의는 프로테스탄트의 세속적 금욕주의와는 다르다. 프로테스탄트는 종교적 이유 때문에 세속적 금욕주의를 실천했다면, 이주 노동자들은 종교적 이유가 아니라 경제적 이유로 금욕주의를 실현한다.

경제적 이유로 인한 세속적 금욕주의는 1970~1980년대 한국 경제의 고도 성장기에 노동을 했던 대부분의 한국 사람들에게도 나타났다. 그들은 여가를 인생의 낭비라 생각했다. 그들에게 인생의 목표는 단 한 가지였다. 인생의 최대 목표는 더 많은 돈을 버는 것이었다. 그들은 '일벌레'라는 말을 욕이라 생각하지 않았고 오히려 명예스러운 별칭으로 여겼다. 슈미트처럼 더 많은 돈을 벌기 위해 사람들은 근면하게 일했지만, 어떤 사람들은 일하던 도중 과로사로 사망하기도 했다. 오늘도 지구 곳곳에서는 슈미트와 같은 유형의 사람들이 자신만의 신인 '돈'을 더 벌기 위해 열심히 일을 한다. 그들에게 은총이란 더 많은 돈을 버는 것과 다르지 않다.

두려움을 없애기 위한 노동
−셀프 테일러리즘과 프랭클린 플래너

인간 관리 기법과 심리학으로 경영하기

테일러는 과학적 관리 기법의 성과를 책으로 담아 출간했다. 테일러의 책은 전 세계적인 호응을 얻었다. 아이러니하게도 러시아 혁명을 통해 자본주의를 부정하고 사회주의 건설을 이끌었던 레닌조차도 테일러의 과학적 관리 기법에 매료되었다.[83] 테일러의 과학적 관리 기법을, 가정주부는 가사 노동을 합리화할 수 있는 방법으로, 자본가는 이윤을 더 많이 얻고 노동자를 통제할 수 있는 기법으로, 레닌은 사회주의 발전을 가속화하여 공산주의 사회를 건설할 수 있는 수단으로 보았던 것이다.

하지만 테일러주의에 대한 노동자의 저항은 테일러주의가 확산될수록 거세졌다. 테일러주의는 노동 자체를 목적으로 삼는 사람들에게는 프로테스탄티즘을 대체하는 노동윤리의 효과를 가질 수 있었지만, 모든 사람들에게 경제적 동기만으로 노동의 의미를 주입하기에는 역부족이었다.

사람들은 과학적 관리 기법 외에 무엇인가 플러스 알파에 해당되는 부분을 찾았는데, 그것은 바로 심리학적 요소였다. 경제적 동기뿐만 아니라 심리적 요인들이 노동윤리 형성에 매우 커다란 영향을 미친다는 사실은 호손의 연구 결과에서 알려졌다.

호손은 조명과 노동 생산성의 관계를 파악하는 연구를 시작했다. 그 실험은 1924년부터 1927년까지 미국 일리노이에 있는 웨스턴 전기 회사에서 시행되었다. 호손은 부수적으로 매우 놀라운 사실을 발견했다. 애초 실험이 진행될 때 호손 연구팀은 공장 시설이나 근무 환경과 같은 물리적 요인들이 노동자들의 노동 의욕에 영향을 미치는 주요 원인일 것이라는 가설에서 출발했다. 하지만 실험 과정에서 호손은 노동 생산성이 향상된 실험 집단에서 노동 생산성을 향상시킨 원인은 노동 조건의 개선이 아니라 노동자들이 배려받고 있다는 심리적 느낌 때문임을 알아내었다. 이후 노동 의욕에는 심리적 요인이 상당히 중요한 원인으로 작용함을 지칭할 때 흔히 호손 효과(Hawthorn effect)라는 용어를 사용한다.

성숙한 자본주의에는 새로운 노동윤리가 필요하다

자본주의가 성숙되어 계층 이동의 가능성이 사라져 버린 사회에서 과거 자본주의 발생기에 프로테스탄트가 지녔던 역동적인 노동윤리를 찾아보기는 쉽지 않다. 프로테스탄트 노동윤리는 이중적 효과를 지닌다. 열심히 일함으로써 자기 발전을 꾀할 수 있는 한편, 그를 통해 구원을 이룰 수 있다는 확신은 당시 자본주의 자체가 매우 역동적이었기 때문에 가능했다.

하지만 성숙한 자본주의 사회에서 계층 이동이 역동적으로 일어날 가능성은 상대적으로 줄어든다. 자본주의가 성숙하면 사회의 역동성은 두드러지게 약화된다. 즉 저개발 국가에서는 개천에서 용이 나듯, 가난한 집안에서 태어난 사람이 근면한 태도를 통해 인생 대역전을 꾀할 수 있는 가능성이 매우 높다. 우리에게 잘 알려진 현대 그룹이나 삼성 그룹의 창립자들이 바로 이 경우에 해당된다. 그들은 부유한 집안 출신이 아니었다. 바로 이러한 역동성은 한 사회의 노동윤리 형성에 긍정적으로 기여한다. 성공할 수 있다는 믿음은 커다란 사회적 효과를 발휘한다.

한국 경제가 한국전쟁 이후 고도성장을 할 수 있었던 배경에는 노동을 통한 지위 상승에 대한 믿음이 있었다. 노동자들은 자신들도 이병철이나 정주영이 될 수 있다고 믿고 그러한 인물이 되기 위해 열심히 일했던 것이다. 하지만 자본주의가 안정적 발전 단계에 접어들면, 가난한 집에서 인생 대역전을 이룰 수 있는 가능성은 매우 희박해진다. 후기 자본주의에서는 개인의 근면성보다는 오히려 그가 어떤 집안에서 태어났는지가 더욱 중요해진다. 후기 자본주의에서는 성공할 수 있다는, 혹은 인생 대역전을 노동을 통해서 달성할 수 있다는 믿음이 빚어내는 역동성이 사라진다. 후기 자본주의 사회에서는 그 역동성을 뒷받침했던 노동윤리를 대체할 새로운 기제가 필요해진다.

노동윤리는 두려움을 먹고 자란다

프로테스탄트들을 노동에 몰두하도록 만들었던 요인은 '불안'이라는 심리적 요인이었다. 은총 받은 사람인지 은총 받지 못한 사람인지 알 수 없는 상황에서 그들이 불안을 해소할 수 있는 유일한 방법은 노동에 몰두하는 것이었다. 프로테스탄트 노동윤리는 두려움을 먹고 자랐다. 프로테스탄트 특유의 두려움은 후기 자본주의 사회에서 복귀한다. 두려움은 현대 사회에서 노동해야 하는 이유를 설명해 주는 새로운 요인으로 자리 잡는다. 두려움은 사람들이 일을 하도록 만드는 가장 오래된 방식이다. 해고될 것이라는 사실을 아는 것과 같은 명백한 두려움은 효과가 제한된다. 반면 확실성에 근거한 미묘한 두려움은 많은 이들로 하여금 필사적으로 일에 매달리도록 만든다. 우리들 대다수는 어떤 막연한 경쟁에서 뒤처지지 않을까 하는 두려움으로 더 오랫동안 일한다.

자본주의가 고도성장을 유지하던 시기에 '실업'이라는 단어는 매우 낯설었다. 오히려 그 시기에는 일을 찾지 못해 어려운 처지에 놓인 실업자보다는 일할 수 있는 사람을 찾지 못해 경영에 문제가 발생하는 일이 더 많을 정도였다. 하지만 자본주의가 성숙하여 고도성장이 불가능해진 사회에서 '실업'은 보편적인 불안 요인으로 자리 잡는다.

1980년대에 대학을 졸업한 사람들은 기업에 취업하기 그리 어렵지 않았다. 1980년대만 하더라도 '청년 실업'이라는 단어는 없었다. 그리고 사람들은 한번 기업에 들어가면 특별한 일이 없는 한 정년을 맞이할 때까지 그 회사에서 일을 했다. 이른바 '종신 고용'이 이뤄졌던 것이다.

하지만 2000년대 이후 이러한 상황은 급격히 변했다. 한국 경제는 과거와 같은 고도성장을 기대할 수 없을 정도로 자본주의가 성숙했고, 이에 따라 과거에는 없었던 새로운 현상들이 등장하기 시작했다. 예전에는 경제가 성장하면 그만큼 더 많은 일자리가 생겼다. 하지만 자동화가 전 분야에서 도입되고, 한국 경제의 구조 자체가 고도화되면서 경제가 성장해도 일자리는 창출되지 않는, 이른바 고용 없는 성장 현상이 나타나기 시작했다. 그 결과 청년 실업은 예외적인 현상이 아니라 한국 사회의 고질적인 문제로 자리 잡았다. 이제 대학생들은 대학을 졸업하고도 취업이라는 관문을 뚫기가 매우 어렵다. 게다가 힘들게 취업했다 하더라도 기업은 더 이상 종신 고용을 보장해 주지 않기 때문에, 불안은 취업과 더불어 끝이 나지 않는다. 노동자는 언제든지 자신이 해고될 수 있다는 것을 안다. 노동의 질이나 만족 따위는 사치스러운 고민이다. 이들은 자신을 위한 일자리가 있다는 단순한 사실 자체에 만족한다.

파스빈더 감독이 만든 〈불안은 영혼을 잠식한다〉라는 영화가 있다. 자신이 은총 받은 사람인지 여부를 잘 알지 못해 불안했던 프로테스탄트는 악마가 자신의 영혼을 잠식하는 것을 막기 위해 노동에 헌신했다. 그렇다면 종교에 기댈 수도 없는 현대의 노동자들은 불안을 어떻게 해결할 수 있는 것일까? 현대인은 불안이 영혼을 잠식하지 않도록 불안을 통제하는 방법을 선택한다.

불안은 위험이다. 불안을 다스리면 우리는 위험도 예방할 수 있다. 리스크(Risk) 관리는 최고 경영자나 쓰는 용어가 아니라, 현대 사회에 살고 있는 모든 노동자들의 생활철학으로 자리 잡았다. 노동자들이 리스크를 관리하는 첫 번째 방법으로 사용하는 건 이른바 자기 계발이다. 자기 계발 강박증이 생길 정도로 직장인들은 불안을 해소하기 위해 자기 계발에 매달린다. 다음 신문 기사를 보면 현대인들이 일 때문에 받는 스트레스가 무엇인지, 그리고 이 스트레스를 극복하기 위해서 사람들이 어떤 방법을 사용하는지 잘 알 수 있다.

대기업 입사 10년차 김모 과장(37)은 최근 정신과 상담을 받고 있다. '자기 계발 성과 미진'으로 인한 스트레스 때문이다. 승진을 위해 치른 토익 시험 성적이 형편없이 나온 이후부터다. 김과장은 "남들보다 뒤처진다는 생각에 항상 불안하다."며 "한때 영어 학원에 다니기도 했지만 끝까지 다니지 못해 스스로에게 실망을 많이 했다."고 털어놨다. '자기 계발 강박증'이 직장인들을 옥죄고 있다. 45세가 정년이라는 '사오정 시대'에 승진과 이직, 퇴직 이후를 준비하는 직장인들이 늘고 있지만 기대만큼 성과가 나오지 않아 스트레스를 받는 것이다. 정신과 병·의원마다 이런 직장인 환자들이 적지 않다. 한양대 구리병원 정신과 박용천 교수는 "환자 10명 중 1명은 자기 계발 강박증 환자"라며 "우울증이나 불안증을 호소해 검사해 보면 대체로 강박증 환자였다."고 전했다. 박 교수는 "직장에서 퇴출당할 것 같은 불안감 때문에 자기 계발을 하게 되는데, 이는 일종의 성공 노이로제"라고 덧붙였다.[84]

이 기사에서 볼 수 있듯이 두려움 창출은 기업 문화 관리 기법보다 효과적으로 노동자들에게 노동윤리를 주입한다. 기업 문화는 노동자가 작업장에 머무를 때만 그들에게 영향을 미칠 수 있지만, 일상화된 두려움은 기업 문화의 손길이 미치지 못하는 사적 공간에서도 노동자들이 자본이 원하는 방식으로 스스로를 통제하도록 한다.

실업을 두려워하는 사람은 실업 상태에 빠지지 않기 위해 자신을 통제한다. 청년 실업의 위험에서 벗어나고 싶어 하는 대학생은 청년 실업의 예외가 되기 위해 스펙*을 관리한다. 텔레비전 경제 뉴스에서 아나운서는 실업률의 추이에 대해 건조한 목소리로 보도한다. 하지만 그 소식을 듣는 시청자에게 실업이라는 단어는 예사롭게 들리지 않는다. 직장을 찾는 사람에게 취업은 칼뱅주의자들의 은총과 같은 기쁨을 가져다줄 것이다. 물론 그 반대도 얼마든지 가능하다. 구조 조정의 칼바람이 한 직장에 몰아친다 하자. 구조 조정에 의해 실업자로 전락하지 않은 사람은 은총 받은 사람일 것이다. 은총 받지 못한 사람은 구조 조정에 의해 직장을 떠나야 할 것이다. 과연 나는 은총 받은 사람인가, 아닌가? 직장인들은 은총 받은 것인지를 의심하는 칼뱅주의자처럼 두려움에 떤다. 만약 그가 은총을 받은 사람이라면 그는 절대 회사로부터 해고 통지를 받지 않을 것이다. 하지만 그가 은총을 입증하지 못한다면 그는 곧 회사로부터 해고 통지를 받는다. 해고 통지를 받지 않기 위해, 실업의 나락으로 떨어질지도 모른다는 두려움을 다스리기 위해 미친 듯이 일을 한다. 적어도 자신이 일을 하고 있는 동안 자신이 실업자가 아니라는 사실은 분명해지니까.

우리들은 옛날 사람들보다 일을 더 오랫동안 하고 더 큰 압력

---

*직장을 구하는 사람들 사이에서 학력, 학점, 토익 점수 따위를 합한 것을 이르는 신조어.

을 참아 낸다. 또 다른 신문 기사를 보면, 경쟁에서 밀려나지 않으려고 발버둥치는 직장인들이 겪고 있는 심리적 압박이 얼마나 큰지 알 수 있다.

직장인 10명 중 7명은 자기 계발에 대한 강박증 등 여러 강박증을 가지고 있는 것으로 나타났다. 온라인 취업 사이트 '사람인'이 직장인 1254명을 대상으로 '당신은 강박증을 가지고 있습니까?'라고 설문한 결과 74.6%가 '있다'고 답했다고 16일 밝혔다. 강박증 종류로는(복수 응답) 자기 계발에 대한 강박증이 59.6%로 가장 많이 꼽혔으며, 대인 관계에 대한 강박증(43.9%), 완벽주의에 대한 강박증(41.0%), 승진 성과에 대한 강박증(32.5%), 외모에 대한 강박증(32.0%) 등의 순이었다. 직장인들이 현재 가지고 있는 강박증의 수는 평균 3.6개로 집계됐다.[85]

직장인들은 은퇴 이후의 노후 자금을 마련할 때까지 직장에서 밀려나지 않기 위해 안간힘을 쓴다. 일하는 사람들의 유일한 희망은 경주에서의 승리라기보다 경쟁에서 밀려나지 않고 살아남는 거다. 경주에 남아 있다는 사실 그 자체가 자신이 은총 받았음을 입증하는 현대 자본주의 사회에서, 사람들은 경주에서 끝까지 살아남기 위해 경주에 필요한 자원을 스스로 공급한다.

계획을 통한 위험의 통제 – 프랭클린 플래너와 리스크 관리

은총을 받았는지 여부를 스스로 확인해야 하는 칼뱅주의자처럼 경주에서 끝까지 살아남기 위해서 근대인은 자신의 리스크를 관리해야 한다. 테일러의 과학적 관리 기법은 공장에서 걸어나와 전 사회에 적용된다. 은총 받고 싶어 하는 직장인은 일터 외부에서도 자신에게 테일러의 과학적 관리 기법을 적용한다. 그는 혹 낭비하고 있는 시간이 없는지 수시로 체크하고, 남는 시간을 찾아내 자기 월급의 일부를 이른바 자기 계발의 명목으로 재투자한다. 자기 계발에 돈을 쏟아부을수록 개인은 불안감을 이겨 낼 수 있다. 개인은 스스로 시간 관리를 해야 한다. 모든 이들은 자신만의 테일러리즘을 개발해야 한다. 테일러의 과학적 관리 기법을 스스로에게 적용하는 '셀프 테일러리즘'(Self Taylorism)의 시대가 도래한다. 셀프 테일러리즘의 시대에 개인들은 삶의 모든 영역을 체계적인 과학적 탐구와 관리 아래에 종속시킨다. 그리고 도덕성, 사회관계, 인간 상호 간의 행위 영역에서 전통적 권위에 대한 전문가의 지배가 시작된다.

셀프 테일러리즘의 시대에 프랭클린은 화려하게 부활한다. 프랭클린은 동물적인 감각으로 자본주의가 어떠한 인간형을 원하는지를 예견했다. 가장 전형적인 미국인이며, 자본주의적 노동윤리를 체득한 인물인 벤저민 프랭클린. 그는 자신에게 덕목을 주입하기 위해 스스로 덕이라 생각하는 윤리를 제대로 지켰는지 체크하는 일기를 쓰기 시작했다. 벤저민 프랭클린이 시간 관리를 위해 개발해 낸 일기는 우리 시대에 '프랭클린 플래너'로 부활한다. 프랭클린 플래너는 사람들이 불안을 극복하기 위해 테일러리즘을 어떻게 스스로 적용하는지를 잘 보여 준다. 48개국 28개 언어로

2400만 명이 사용하고 있는 프랭클린 플래너는 한국에서도 가장 널리 쓰이는 플래너에 속한다. 대형 서점에 가면 프랭클린 플래너 관련 상품을 파는 코너가 따로 있을 정도고, 사용자가 한국에서도 30만 명으로 추산될 정도로 프랭클린 플래너는 회사원들 사이에서는 낯설지 않은 도구다.

얼핏 보면 프랭클린 플래너는 우리가 흔히 사용하는 다이어리와 비슷해 보이기도 한다. 하지만 자세히 살펴보면 프랭클린 플래너는 다이어리와는 구별되는 시스템을 지니고 있다. 일반적으로 사용되는 다이어리에는 날짜별로 약속을 기록할 수 있는 빈칸만이 있다면, 프랭클린 플래너는 더 체계적인 시스템으로 구성되어 있다. 시간 관리를 위해 자신이 계발한 덕목의 체계를 하루하루를 반성하는 데 적용했던 프랭클린처럼, 프랭클린 플래너에서는 매일매일 우리가 명심해야 할 덕목이 '오늘의 명언'이라는 이름으로 제공되고 있다.

플래너는 단순히 하루의 일정을 적는 것에 그치지 않고, 업무의 우선순위를 설정하도록 유도하고 있으며, 예정된 일들이 진행되는 과정 또한 체크하도록 설계되어 있다. 제일 중요한 일은 A라는 카테고리에, 그보다 중요하지 않은 일은 B라는 카테고리에, 그리고 제일 중요하지 않은 일은 C라는 카테고리로 구별된다. 다시 각각의 카테고리 내에서도 세부 우선순위를 따져, A카테고리에서 제일 중요한 일은 A1, 그 다음으로 중요한 일은 A2라는 표시를 해두라고 권장한다. 또 플래너는 해야 할 일들을 이렇게 중요도에 따라 상세하게 분류하는 데에서 그치지 않는다. 중요한 일들이 어떻게 처리되었는지, 처리 과정에 대한 체크 또한 중요하다. 프랭클린 다이어리에서는 완료된 일, 연기된 일, 취소된 일, 진행 중인 일을 모두 구별할 수 있도록 기호를 사용한다. 완료된 일을 표시하기 위해 X 기호를 사용하고 연기된 일은 → 기호를 사용하는 식이다.

프랭클린 플래너는 단순히 일정을 관리해 주는 도구가 아니다. 개인의 장기적인 목표 관리를 돕는 도구다. 프랭클린 플래너에서 매일매일의 일정 관리는 장기적인 목표에 도달하기 위해서 개인이 거쳐야 하는 의식과도 같다. 이는 '구원'이라는 장기적인 목표를 달성하기 위해 날마다 거르지 않고 성실하게 기도하는 프로테스탄트의 상황과 유사하다. 프랭클린 플래너의 사용 목적은 "시간 관리에 머무르는 것이 아니라, 자기 관리를 위한 것, 자기 계발 그 자체라고 볼 수 있다."[86] 프랭클린 플래너를 판매하는 사이트에는 프랭클린 플래너를 이렇게 소개하고 있다.

누구나 새로운 세기를 맞이하는 각오는 특별합니다. 아마도 모든 분이 지금보다 더 멋지게 인생을 살고 싶은 마음일 것입니다. 그러나 생각할 뿐 아무것도 안 하고 있거나 방법을 못 찾는다면 지금의 모습과 조금도 달라지지는 않을 겁니다. 이제 새천년 당신의 인생을 멋지게 바꿔 줄 프랭클린 플래너를 만나십시오. 하루하루 정신없이 바쁘게 살다 보면 잊고 지내기 쉬운, 그러나 당신의 인생에 있어서 가장 소중한 것들을 되찾아 드리겠습니다. 그리고 완벽한 시간 관리와 정보 관리를 통해 어렵게 찾은 인생의 중요한 가치를 다시는 잃지 않도록 매일매일 관리해 드립니다. 그냥 평범한 다이어리처럼 생겼다고요? 3주만 써보

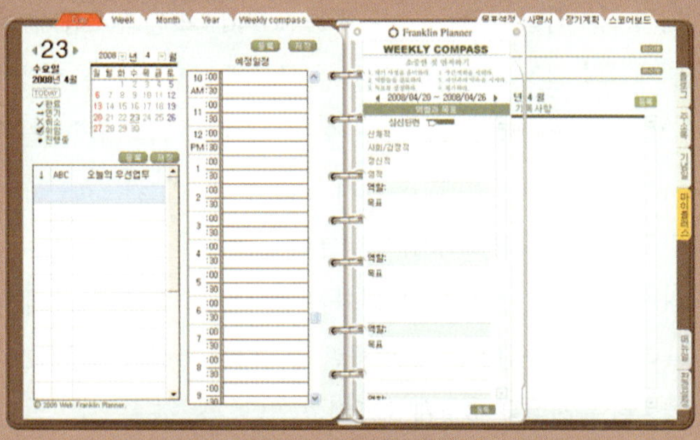

프랭클린 플래너

프랭클린 플래너 사용자들은 스스로 테일러의 시간 관리 기법을
자신의 인생에 적용시키는 것에서 만족감을 느낀다. 이들에게 시간 관리는
불안을 치유하는 최고의 방법이다. 이들은 근면과 자기 통제라는
프로테스탄트적 노동윤리를 현대 사회에서 가장 충실하게 계승한다.
그림은 프랭클린 플래너의 모습이다.

십시오. 미국 비즈니스맨 2200만 명이 프랭클린 플래너 덕분에 이미 새로운 인생을 살고 있습니다.[87]

프랭클린 플래너의 철학은 중장기적 목표 달성을 위해 매순간 시간 관리 기법을 도입하는 것이다. 프랭클린 플래너 사용은 일종의 종교적 의식이 된다. 칼뱅주의자들은 궁극적으로 은총에 도달하기 위해 매일 은총에 부합하는 금욕적 생활을 한다. 칼뱅주의자들에게 금욕적 생활은 궁극적 은총에 도달할 수 있도록 하는 도구다. 프랭클린 플래너 사용자들의 모임을 취재한 신문 기사는 이렇게 소개하고 있다.

서울 종로구 동숭동 흥사단 건물 4층에는 '성공을 도와주는 가게'라는 생소한 이름의 공간이 있다. 한국성과향상센터가 운영하는 같은 이름의 여덟 가게 중 하나다. '대학생 취업특강', '새로운 패러다임의 재정관리', '사명 발견' 등 성공과 관련된 다양한 강의를 여는 곳이다. (……) 이곳에서는 지난 1월 25일 저녁 7시 '성공하는 사람들의 시간 관리 습관'이라는 주제로 플래너 사용법에 관한, 두 시간짜리 무료 강의가 열렸다. 이날 강의실을 찾은 15명의 수강생들은 엄마를 따라온 초등학생부터 저녁까지 굶고 간신히 시간을 맞춰 온 대학 강사까지, 연령대와 직업군도 다양했다. (……) 수업의 일부였던 조별 공통점 찾기를 통해 플래너 사용법을 배우러 나온 이유들이 드러났다. (……) 다이어리를 잘 정리하고 싶다는 단순한 욕구를 넘어 인생 계획, 시간 관리, 성공을 위해 플래너를 쓰려고 하며, 플래너를 잘 쓰기 위해 이 강의를 찾았다는 것이다. (……) 이날 강사로 나선 박성길 대학로점장은 수강생들의 그런 욕구를 읽기라도 한 듯 "플래너 사용 설명회는 개인과 조직의 사명과 비전을 찾아 주는 사명 및 비전 특강"이라는 비장한 말로 강의의 포문을 열었다. 그러면서 인천 공항을 출발해 드골 공항에 도착한 비행기의 예를 들었다. "인천 공항을 출발한 비행기는 기류에 의해 항로를 벗어났다가 다시 정상 궤도로 들어오는 것을 반복하며 드골 공항에 도착한다. 이를 가능하게 해 주는 것이 바로 자동항법장치다. 예기치 않았던 일과 실수, 계획 차질과 작심삼일 등을 반복하면서도 '삶의 목적'에 도달하게 만드는 자동항법장치가 플래너이기 때문에 삶의 목적 없는 플래너는 의미가 반감한다." 그래서 프랭클린 플래너에서는 '사명서'(생명을 사용하는 지침서)를 통해 삶의 목적부터 정립하도록 했다. 사명서 작성은 결국 자신에게 가장 소중한 것을 발견하는 일이다. 소중한 것을 찾는 데 익숙하지 않은 사람들을 위해 '10년 뒤에 어떤 사람이 되고 싶은가?' 같이 지배 가치를 묻는 질문에서부터 '당신은 어떤 역할을 수행하고 있나?'처럼 역할을 생각하는 질문까지, 질문지들도 마련돼 있다. 구체적인 사용법으로 들어가도 월간 계획표, 주간 계획표, 오늘의 우선 업무 등 큰 것, 중요한 것 순으로 계획을 잡게 되어 있다. 이때 주간 계획들은 미리 짜인 월간 계획의 내용을 반영해야 하고, 일일 계획 역시 주간 계획을 참고해 작성한다. 이 논리대로라면, 하루는 일주일의 영향을 받고, 일주일은 한 달의 영향을 받는다. 일 년은 더 장기적인 목표, 궁극적으로 삶의 목표에 따라 조직되고 실천된다는 것이다.[88]

프랭클린 플래너 사용자들이 시간 관리를 해서 궁극적으로 도달하는 결과는 무엇일까? 프랭클린 플래너 사용자들은 스스로 테일러의 시간 관리 기법을 자신의 인생에 적용하는 것에서 만족감을 느낀다. 이들에게 매일의 시간 관리는 불안을 치유할 수 있는 최고의 방법이다. 프랭클린 플래너 사용자들은 근면과 자기 통제라는 프로테스탄트적 노동윤리를 현대 사회에서 가장 충실하게 계승한 유형에 속한다. 하지만 현대에 사는 모든 사람이 프랭클린 플래너 사용자는 아니다. 현대 사회에는 이들과는 전혀 다른 유형의 인물 또한 등장한다.

지름신과 쇼퍼홀릭

-노동을 하는 또 다른 이유

자본주의의 문화적 모순과 소비주의의 등장

프로테스탄트들은 금욕주의를 미덕이라 여겼고 절제와 노동의 소중함을 생활 속에서 실천했다. 그러나 후기 자본주의에 접어들면 프로테스탄트의 현세적 금욕주의와는 전혀 다른 태도가 등장한다. 현세적 금욕주의에서 억압되었던 소비의 의미가 새롭게 해석되기 시작한 것이다. 사치스러운 소비의 위험을 경고했던 칼뱅은 일부 사람들의 노동윤리가 '우리는 일하기 위해 태어났다'는 믿음에서 '우리는 물건을 사기 위해 태어났다'는 믿음으로 변화할 것이라는 걸 미처 알지 못했다.[89]

이러한 태도의 변화는 자본주의의 변화와 밀접한 관련을 맺고 있다. 사회학자 다니엘 벨은 '자본주의의 문화적 모순'이라는 테제를 통해 이 점을 매우 흥미롭게 설명했다. 벨에 따르면 프로테스탄트 윤리에서 출현한 자본주의는 현대에 접어들면서 헤도니즘(Hedonism : 향락주의)을 열광적으로 조장하고, 자본주의를 낳은 프로테스탄트 윤리를 스스로 파괴하는 모순된 현상이 출현한다는 것이다. 벨은 특히 1960년대 미국 사회에서 등장한 사회 변화에 주목한다. 2차 세계대전 이후 풍요로운 소비 사회가 도래하면서 미국 내에서는 전통의 프로테스탄트적 기풍이 붕괴되고 새로운 사회 관습들이 등장하기 시작했다.

소비주의가 등장하기 이전에는 저금을 해서 돈을 모은 다음에 필요한 물건을 사는 것이 일반적인 관습이었다. 절제와 절약은 일종의 신념이었다. 하지만 벨에 따르면 미국에서는 1960년대부터 새로운 변화가 시작되었다. 할부판매는 변화를 촉진시켰다. "1960년대 말경에는 은행들이 정기 적립 예금을 크게 선전하기 시작하였다. 이 예금을 하고 있으면, 수천 달러에 이르는 범위까지 인출이 초과되어도 좋다는 것이다—(초과된 돈은) 당연히 월부 지불 방식으로 갚아 나간다. 결국 사람들은 경매 시장이나 싸구려 시장으로 물건을 사러 갔을 때, 자신의 충동을 만족시키는 일을 망설이지 않게 되었다. 소비자에 대한 판매자의 유혹 전술이 완전해진 것이다."[90]

이러한 변화는 우리가 사는 사회에서는 아주 일반화되었다. 1970년대 이후 고도성장을 거듭한 성과에 힘입어 한국에서도 90년대부터는 미국의 60년대와 같은 본격적인 소비주의의 시대가 도래했다. 예전에 사람들은 비싼 물건을 사기 위해서는 먼저 돈을 모으고, 돈이 모이면 물건을 샀다. 하지만 할부판매는 사람들이 그 물건을 사기 위해 당장 필요한 돈의 규모를 줄여 주었다. 과거에는 200만 원짜리 물건을 사기 위해서는 200만 원을 모아야 했지만, 할부판매가 생기면서 사람들은 당장 20만 원만 있어도 200만 원짜리 물건을 살 수 있게 되었다. 얼마든지 할부 기간을 늘릴 수 있는 신용카드의 등장은 이러한 경향을 더욱더 가속화시켰다. 신용 카드를 손에 쥔 사람에게 지름신이 강림하면, 그는 당장 현찰을 한 푼도 안 쓰고도 1000만 원짜리 물건을 살 수 있는 시대가 도래한 것이다.

이제 소비를 낭비이자 죄악으로 취급하는 시대가 끝나고, 오히려 소비를 찬양하는 새로운 시대적 흐름이 생겼다. 이러한 흐름을 프로테스탄트적 금욕주의와 대비되는 소비주의의 도래라 명명할 수 있다. 소비주의의 도래와 더불어 금욕주의를 대체하는 새로운 문화적 코드가 등장했다. 헤도니즘은 이러한 변화를 배경으로 출현했다.

헤도니즘이 금욕주의를 대체할 수 있었던 배경에는 점차 사회적 영향력을 확대시켜 나가기 시작한 대중문화가 자리 잡고 있다. 텔레비전을 켜기만 하면 신제품을 소개하는 광고가 시도 때도 없이 흘러나온다. 드라마를 보다 보면 배우가 쓰고 나온 선글라스가 멋있게 보이고, 신형 자동차도 사고 싶은 욕심이 생긴다. 대중문화는 사람들에게 끊임없이 소비욕을 샘솟게 하는 원천이다. 잡지를 펼쳐 들면 광고가 절반 내용이 절반일 정도로 광고가 넘쳐 난다. 광고뿐만 아니라 사실 기사 내용도 우리의 소비 욕구를 끊임없이 자극하는 내용으로 채워져 있다. 길거리를 지나치다 보면 모든 상점에서 세일이라며, 신상품이 나왔다며 우리를 유혹한다.

프로테스탄트 윤리에 따르면 헤도니즘은 배격되어야 하는 대상이었다. 왜냐하면 헤도니즘은 순간의 쾌락을 위해 궁극적 구원이라는 소중한 가치를 내던지는 것이었기 때문이다. 그러나 새롭게 등장한 헤도니즘은 미래보다는 현재를 강조한다. 헤도니즘이 지배적인 문화 코드로 자리 잡으면 사람들은 노동이 아니라 놀이에서, 금욕이 아니라 순간적인 기쁨에서, 정신이 아니라 외양에 가치를 부여한다. 이렇게 중심적 가치가 변화한 사회에서는 사람들이 일하는 이유, 즉 노동윤리 또한 불가피하게 변화한다.

소비를 위한 노동

후기 자본주의에 등장한 새로운 노동윤리는 막스 베버가 분석 대상으로 삼았던 프로테스탄트의 노동윤리와는 확연한 차이를 보여준다. 금욕주의적 삶의 태도에서 소비는 최소화해야 하며, 소비는 생산을 위해서 노동력을 재생산할 수 있는 범위 내에서만 정당화된다. 하지만 새로운 노동윤리는 소비를 부정적으로 보지 않는다. 오히려 생산보다는 소비에 강조점을 둔다. 사람들로 하여금 노동을 하도록 만드는 동기는 생산이 아니라 소비 행위다.

헤도니즘과 결합된 새로운 노동윤리가 등장하면 사람들은 소비하기 위해서 노동한다. 이러한 새로운 노동윤리는 특히 신세대에게서 두드러지게 나타난다. 구세대가 프로테스탄트의 세속적 금욕주의에 가까운 생활 윤리를 지녔다면 그들의 자녀는 소비주의에 몰입한다. 구세대의 입장에서 보자면 소비를 생활의 중심에 놓고 소비하기 위해서 일하는 젊은이들의 태도는 한심하게 보인다. 그래서 때로 소비주의는 세대간의 갈등을 유발하는 요인으로 작용하기도 한다.

이러한 변화는 최근 젊은이들이 아르바이트를 하는 풍속도에서도 나타난다. 세속적 금욕주의가 지배하던 시절에 아르바이트 생은 주로 고학생(苦學生)이었다. 고학생은 생계를 유지하기 위해서 혹은 학비를 벌기 위해서 부업에 나선 학생을 뜻한다. 과거의 아르바이트생인 고학생은 생존 때문에 노동을 했지만, 최근에 아르바이트를 하는 학생들은 노동을 하는 이유가 다르다. 물론 여전히 학비와 생활비를 벌기 위해 아르바이트를 하는 사람도 있지만, 모든 사람이 그렇지는 않다. 어떤 사람은 아르바이트를 해야만 하는 경제적 절실함이 없는데도 불구하고 노동을 한다. 중산층의 자녀들이 아르바이트를 하는 경우, 경제적 빈곤함 때문에 일하는 것은 아니다. 이들은 새로 출시된 MP3 플레이어나 디지털 카메라를 사기 위해 아르바이트에 나선다. 심지어 해외여행을 가기 위해 아르바이트를 하는 젊은이들도 등장한다.

프로테스탄트의 현세적 금욕주의에서는 근검절약이 미덕이었기에 소비를 최소화해야 했다. 하지만 후기 자본주의 사회에서 사람들이 노동하는 이유는 뒤바뀐다. 사람들이 전적으로 소비하기 위해 노동하는 일이 벌어진 것이다.

포드주의의 등장과 새로운 노동윤리

이러한 새로운 변화가 출현할 수 있는 기틀을 마련한 사람이 헨리 포드다. 포드 자동차의 창립자 헨리 포드는 1900년대 초 기존의 공장 운영 방식을 뒤바꾸는 패러다임 전환을 시작했다. 이른바 포드주의(Fordism)라 부르는 새로운 생산방식이 시작된 것이다. 1914년, 포드는 테일러의 과학적 관리 기법을 자동차 공장에 적용시키기 위해 자동 컨베이어 벨트 시스템을 설치했다. 그 결과 자동차를 조립하는 데 필요한 시간이 혁신적으로 줄어들었다. 테일러식 노동 분업의 원리를 컨베이어 벨트라는 생산 시스템과 결합시킴으로써 과거와는 달리 짧은 시간에 대량의 물건을 생산할 수 있는 대량생산의 가능성이 열린 것이다. 이는 향후 수십 년의 산업생산과 노동 제반 상황을 뒤바꿀 만한 혁신적인 정책이었다.

포드가 개발한 시스템은 효율적이었지만 노동자들은 빠르게 돌아가는 컨베이어 벨트에 적응하지 못했다. 노동자들은 컨베이어 벨트 시스템에 대해 불만이 많았다. 그 결과 포드의 자동차 공장에서는 결근과 지각이 잦아지고 이직률이 높아졌다. 상황이 이렇게 전개되자 포드는 문제점을 보완할 수 있는 또 다른 방법을 고안해 냈다. 그는 일일 교대 근무시간 기준을 9시간에서 8시간으로 줄였고, 노동자들의 임금을 인상했다. 이전까지 노동자들을 열심히 일하도록 만드는 가장 좋은 방법은 저임금이라는 패러다임이 지배하고 있었다. 즉 임금이 낮으면 노동자들은 살아남기 위해 더 많은 시간 동안 일하게 되리라는 믿음이었다. 헨리 포드는 전혀 다른 방식을 택했다. 노동 규율을 강화하려고 낮은 임금을 이용하는 대신 오히려 보수를 높여 주고 주당 근무시간도 줄여 주었다. 1926년 포드는 노동자들에게 또 다른 당근을 내밀었다. 토요일을 공장 휴무일로 정했다.

헨리 포드는 영리했다. 포드는 노동 규율을 강화하기 위해 전혀 새로운 방법을 만들어 냈다. 테일러리즘처럼 노동 규율을 강화해서 노동조합의 저항을 받느니, 차라리 노동자들의 보수를 높여 주고 주당 근무시간도 줄여 주는 편이 낫다고 여겼다. 그는 전투적인 노동조합원들을 전혀 다른 사람으로 변화시킬 수 있는 방법이 통제가 아니라 그들을 탐욕스러운 소비자로 만드는 것임을 깨달았다. 포드는 노동자를 생산자인 동시에 소비자로 간주했다. 즉 급료를 인상하고 여가 시간을 늘리면 자동차를 비롯한 소비가 더욱 활성화될 것이라고 생각했다.[91] 저임금 대신 노동자들에게 상품을 탐낼 수 있을 만큼의 임금을 주어라. 그리고 그들을 밤늦게까지 작업장에 묶어 두고 통제하지 말고, 퇴근 후에 자유롭게 쇼핑센터를 배회하게 하라. 주말이 끝나고 난 이후 노동자들은 매우 열심히 일할 것이다. 왜냐하면 노동자는 지난 주말 쇼핑센터에서 새로 출시된 텔레비전을 구경했고, 그는 탐나는 새로운 텔레비전을 구입하기 위해 돈을 벌어야 하기 때문이다. 게다가 그의 아내는 세탁기를 사자고 졸라 대고, 그의 아들과 딸은 새로 유행하기 시작한 옷을 사 달라고 졸라 대고 있는데, 어떻게 일을 열심히 하지 않을 수 있겠는가?

포드 자동차 공장에서 시작한 포디즘은 사회의 모든 영역으로 확산되었고, 그 결과 소비를 위해 열심히 노동하는 새로운 형태의 노동윤리를 지닌 인간이 등장하게 되었다.

쇼퍼홀릭 레베카의 반프로테스탄트 노동윤리

새로운 형태의 노동윤리를 이해하기 위해서 전 세계적으로 선풍적인 인기를 끌었던 칙릿*의 하나인 『쇼퍼홀릭』의 주인공 레베카가 살아가는 방식을 들여다보자. 테일러의 실험 파트너인 이주 노동자 슈미트가 돈을 더 많이 벌기 위해 일한다면, 레베카는 포디즘의 숨겨진 효과를 입증하기 위해 일한다. 레베카의 취미는 쇼핑이다. 레베카는 삶의 스트레스를 쇼핑으로 푼다. 레베카가 노동하는 이유는 너무나 단순하고 명확하다. 레베카는 그가 찍어 둔 상품을 사기 위해서 일한다. 레베카에게 프로테스탄트 노동윤리의 덕목인 근검절약은 낡은 가치관에 불과하다. 레베카는 소비가 미덕이라 믿는 전형적인 인물이다. 그래서 레베카는 늘 재정적으로 곤란을 겪는다.

레베카의 아버지는 과다한 쇼핑으로 재정적 어려움을 겪는 딸에게 이렇게 충고한다. "돈 문제가 생겼니? 아빠가 부엌으로 들어오며 말씀하신다. 있잖니. 돈 문제를 해결하는 데는 두 가지 방법이 있다. 아이고 골치야! 또 시작이다. 아빠의 훈계 말이다. C.B. 아빠는 두 눈을 반짝이시며 말씀하신다. 그게 아니면 M.M.M. 아빠는 효과를 높이려고 잠시 뜸을 들이시고 나는 아빠 말씀을 못 들었다는 듯이 손에 들고 있던 브로슈어를 넘긴다. 커트 백(Cut Back), 즉 절약을 하거나. 아빠는 말씀하신다. 아니면 메이크 모어 머니(Make More Money), 돈을 더 벌거나, 둘 중 하나뿐이다. 베키 너는 어느 쪽을 택할 테냐?"[92]

프로테스탄티즘적 금욕과 절제의 윤리가 붕괴되고 난 뒤 후기 자본주의의 원리를 체화한 신세대 레베카는 당연히 M.M.M.을 선택한다. C.B.는 레베카의 생활철학과 어울리지 않는다. 레베카는 소비하기 위해 일하기 때문이다. 따라서 레베카의 선택은 더 많은 소비를 가능하게 하는 더 많은 돈을 버는 것이다. "괜찮다. 근검절약을 그다지 잘 실천하지 못하긴 했지만 그래도 상관없다. 왜냐면 그건 다 지난 이야기니까. 그건 부정적인 사고방식이었다. 이제 나는 정말 진지하게 긍정적인 사고를 할 거다. 앞과 위만 볼 것이다. 성장과 번영. M.M.M! 그것이야말로 명쾌한 해결책이다. 지금 와서 생각해 보니 진짜 그렇다. 그뿐이 아니다. 수지 말이 전적으로 옳다. 돈을 더 많이 버는 것은 근검절약보다 내 성미에 더 잘 맞는다."[93]

포드주의가 자리를 잡으면, 금욕과 절제를 대체하는 금욕주의적 C.B.는 생활 원리로서의 마력을 상실한다. 후기 자본주의에서 금욕적 C.B.의 자리에 사치와 낭비, 그리고 소비 그 자체를 목적으로 삼는 현대적 세계가 들어선다. 소비 혁명은 노동에 대한 의욕을 불어넣어 준 금욕주의처럼 소비 의욕을 주입하는 메커니즘이다. 프로테스탄트 윤리에 바탕을 두고 출현한 자본주의는 향락주의를 열광적으로 조장하고, 자신을 낳았던 프로테스탄트 윤리를 스스로 파괴한다. 후기 자본주의의 축적 구조에서 근검과 절약의 윤리는 자본의 축적 과정을 방해하는 공공의 적이다. 소비는 자본주의를 영속화하고 번영을 낳을 수 있는 거룩하고 신성한 행위다. 소비가 칭송되는 소비의 전당에 발을 들여놓으면 그 속에서 길을 잃는다. 한 번의 소비는 또 다른 소비를 낳는다. 지름신의 세계에 한번 발을 들여놓은 레베카는 이 세계에서 탈출할 수 없다. 레베카의 고백을 들어 보자.

난 사은 포인트 모으기를 정말 좋아한다. 포인트 적립 제도는 정말 놀라운 발명이다. 아무렴! 많이 쓰면 진짜 좋은 사은품을 받는다. 호텔에서 미용 서비스를 받을 수 있는 쿠폰 같은 것 말이다. 지난 크리스마스에는 정말 검소했다. 사은 포인트를 모아서 할머니께 크리스마스 선물을 해 드렸으니까. 그때 사실 나는 1653포인트를 이미 적립해 둔 상태였고 전기 헤어 세팅기를 받으려면 1800포인트가 더 있어야 했다. 그래서 나는 엄청나게 큰 병에 담긴 삼사라 향수를 내가 쓰려는 목적으로 하나 사서 포인트를 추가로 적립해 세팅기를 샀다. 그러고도 내 카드에는 150포인트가 남았다. 그렇게 해서 나는 땡전 한 푼 들이지 않고 그 전기 헤어 세팅기를 할머니께 선물했던 것이다! 그런데 문제는 내가 삼사라 향수를 별로 좋아하지 않는다는 거였다. 그런데도 나는 집에 도착할 때까지 그걸 깨닫지 못했다. 그렇거나 말거나 그게 뭐 대수랴![94]

레베카는 특별히 절제력이 부족한 사람이 아니다. 누구의 지갑을 열어 보든, 현대인의 지갑 속에는 포인트 카드가 들어 있기 마련이다. 포인트 카드는 끊임없는 소비의 대행진으로 우리를 초대한다. 레베카는 상품 세계에서 빠져나오지 못한다. 레베카와 같은 인간형은 돈이 많아도 늘 돈이 부족하다고 여긴다. 왜냐하면 한 달에 100만 원을 버는 사람은 1만 원짜리 가방을 사도 행복해하지만, 한 달에 1000만 원을 버는 사람은 100만 원짜리 가방을 사고자 하기 때문이다. 100만 원을 버는 사람은 1만 원짜리 가방에도 만족하기에 그의 월급은 좋아하는 가방 100개를 살 수 있는 돈이

©Richard Hamilton / DACS, London - SACK, Seoul, 2008

〈도대체 무엇이 오늘날의 가정을 이토록
색다르고 매력 있게 만드는가?〉
리처드 해밀턴, 1956년

소비주의가 지배하는 사회에서는 소비를 적극 장려하고,
대중문화는 그것을 부추긴다. 작품은 소비주의와 그것을 부추기는
대중문화를 풍자하고 있다. 섹시하고 인공적으로 수정된 남성과 여성의 육체,
텔레비전, 청소기 등 여러 가지 상품들이 가득하고, 유리창 밖으로는
영화 광고가 보인다. 그림 한가운데 포드 자동차 문양이 상징적이다.

지만, 1000만 원을 버는 사람에게 그의 월급은 좋아하는 가방을 겨우 10개 살 수 있는 돈에 불과하다.

지름신이 강림하는 소비의 세계에 빠진 사람은 아무리 돈을 많이 벌더라도 소비의 미로에서 빠져나올 수 없다. 그것은 밑 빠진 독에 물을 붓는 것과 마찬가지다. 한 가지 물건을 구매하면, 바로 그 이유 때문에 또 다른 물건이 필요해진다. 새로 노트북을 구입한다고 가정해 보자. 우리는 노트북 구매로 이번 달 소비는 끝이라고 작정을 하고 노트북을 산다. 하지만 과연 우리는 노트북 구매로 소비의 행진을 끝낼 수 있을까? 그렇지 않다. 노트북을 샀기 때문에 노트북용 마우스를 구입해야 한다. 노트북용 마우스는 내가 노트북을 사지 않았다면 구입할 필요가 없는 물건이었다. 마우스로 끝인가? 그렇지 않다. 노트북을 샀기에 나는 또 노트북에 어울리는 가방이 필요해진다.

소비의 세계는 이렇게 끝없는 미로처럼 이어진다. 그 속에서 소비는 또 다른 소비를 유발한다. 그렇기에 우리는 늘 돈이 부족하다고 느낀다. 소비는 일하고자 하는 욕구가 약할 때조차 이를 해야 할 필요를 창출한다. 별 수 없지 않은가? 구매해야 하는 품목의 리스트는 끝이 없으니, 그 리스트에 올라 있는 물건들을 구매하기 위해서는 그만큼 돈을 더 많이 벌 수밖에 없지 않은가? 이 소비주의의 미로에서 빠져나오는 방법은 간단한다. 레베카 아버지의 충고처럼 '절약'하면 된다. 하지만 소비주의는 우리가 쉽게 절약이라는 대안을 선택하도록 가만 놔두지 않는다.

나는 쇼핑한다, 고로 존재한다

한번 빠지고 나면 빠져나올 수 없는 소비주의라는 미로는 왜 생겨 났을까? 소비주의적 태도는 개인의 선택이 아니다. 소비주의적 태 도는 정신 못 차리는 일부 사람들의 덜떨어진 행동이 아니다. 정도 의 차이는 있을지언정 소비주의를 부추기는 자본주의 속에 살고 있는 사람들은 모두 소비주의적 욕구에 노출되어 있다. 이러한 소 비 질서의 변화는 생산 질서와 얽혀 있다.[95] 즉 이러한 소비주의에 입각한 새로운 노동윤리의 출현은 자본주의 생산 질서의 변화와 밀접한 관련을 맺고 있는 것이다.

하우크라는 학자는 이러한 변화를 '상품 미학'이라는 개념을 통해 분석했다.[96] 하우크는 자본주의의 발전 과정에서 발생하는 모순에 주목한다. 자본주의가 발전하면 발전할수록 생산력은 증 대하고, 생산력이 증대하면 제품을 만들 수 있는 기술력이 증대한 다. 그 결과 제품의 내구성은 점점 더 높아진다. 제품의 내구성이 높아지는 건 소비자에게 유리한 변화다. 소비자는 동일한 제품을 예전보다 더 오래 사용할 수 있기 때문이다. 동일한 제품을 우리가 오래 사용할 수 있으면, 그 기간 동안 우리는 동일한 품목을 소비 할 필요가 없어진다. 만약 텔레비전을 1년밖에 사용하지 않았는데 더 쓸 수 없게 된다면, 우리는 10년 동안 10대의 텔레비전을 구매 해야 한다. 그러나 텔레비전이 10년 혹은 20년 동안 고장 나지 않 는다면, 우리는 한 번 텔레비전을 구매하고 나서 10년, 20년 동안 전자 제품 매장에 텔레비전을 사러 가지 않아도 된다.

제품의 내구성은 기술과 밀접한 관련을 맺고 있다. 그래서 기술이 좋아지면 제품의 내구성은 자동으로 좋아지게 마련이다. 자동차를 예로 들어 생각해 보자. 80년대만 하더라도 한국에서 만든 자동차를 10년간 타는 것은 거의 불가능했다. 제품의 내구성 때문이다. 하지만 자동차 생산 기술이 점차 향상되면서 이제 자동차를 10년 이상 타는 건 얼마든지 가능해졌다.

모든 기업의 목표는 생산성 향상인데, 생산성 향상의 부수적인 효과로 제품의 내구성이 높아지게 되면 기업은 심각한 모순에 빠진다. 자동차를 10년 동안 탈 수 없었을 때에 사람들은 투덜대면서도 자동차를 자주 교체했지만, 자동차의 내구성이 높아지면 사람들은 웬만해서는 자동차를 새로 구입하려 하지 않기 때문이다. 소비자에게는 좋은 일이지만, 기업의 입장에서는 매우 심각한 문제다. 기업은 이러한 심각한 문제를 해결하기 위해 인위적인 수단을 만들어 낸다. 바로 유행이다.

유행은 제품의 내구성과 관계없이 한 상품을 낡은 것으로 만들어 버릴 수 있는 좋은 수단이다. 옷을 생각해 보자. 우리는 왜 옷을 새로 살까? 옷이 해져서 새로 옷을 사는 사람은 거의 없다. 우리는 어디까지나 유행 때문에 새 옷을 산다. 옷은 멀쩡하지만 유행이 바뀌면 내가 갖고 있는 옷의 심리적 내구성은 급격히 떨어진다. 옷의 물리적 내구성은 전혀 문제없지만 유행에 뒤떨어진 옷은 심리적 내구성 때문에 낡은 것처럼 느껴진다. 그래서 우리는 새로운 옷을 사야 한다. 바로 유행은 모순에 처한 기업이 모순을 해결할 수 있는 좋은 방법이다. 그래서 기업들은 해마다, 아니 계절마다 새로운 유행을 만들어 낸다.

소비가 또 다른 소비를 낳고, 소비에 의존해 생산이 이뤄지는 사회에서 소비는 미덕으로 격상된다. 오히려 소비주의 사회에서 프로테스탄트 노동윤리는 시대에 뒤떨어진 스크루지 영감탱이의 철학으로 푸대접받는다. 만약 우리가 모두 프로테스탄트의 세속적 금욕주의의 원리에 따라 근검절약한다면 자본주의는 더 이상 지탱될 수 없다. 우리가 구매하는 물건 중에서 생존과 직결되는 품목과 생존과 직접적으로 관계없는 품목을 한번 비교해 보자. 우리가 사들이는 물건은 대부분 '없어도 사는 데는 지장 없는' 물건들이다. 때론 생존과 직결되지 않으면 않을수록 상품은 비싸진다. 이른바 명품이라는 물건들을 생각해 보자. 만약 명품 핸드백이 우리의 생존과 직결되어 있다면 차라리 그 명품 핸드백의 가격은 이해된다. 하지만 명품 핸드백은 우리의 생존에는 직접적으로 영향을 주지 않는다. 하지만 그럼에도 우리는 명품 핸드백을 욕망한다. 왜 그럴까?

소비주의의 원리에 의해 움직이는 현대 사회에서는 사람들이 무엇을 소비하느냐가 그 사람이 누구인지를 말해 준다. 소비는 졸부의 허튼수작이 아니라 사람들이 자신을 표현할 수 있는 현명한 수단으로 변화한다. 현대인의 자아는 소비를 통해 구성된다. 소비는 단순한 경제적 행위가 아니라 내가 누구라고 끊임없이 지위 메시지를 전달하는 과정이다. 우리는 내가 누구인지 드러내기 위해 새로운 상품이 필요하고, 내가 누구인지 드러내는 상품을 구매한다. 소비를 통해 나를 드러내기에 우리는 지위 욕구가 강하면 강할수록 더 많은 상품을 소비해야 한다. 현대 사회에서 "나는 생각한다, 고로 존재한다."는 데카르트의 명제는 "나는 쇼핑한다, 고로 존재한다."로 바뀐다. 쇼핑을 통해 내 존재를 확인할 수 있기에, 나는 쇼핑을 위해 돈이 필요하고, 쇼핑할 돈을 마련하기 위해 노동한다. 프로테스탄트의 세속적 금욕주의가 종말을 고한 현대 사회에서 인간들이 노동을 하는 이유는 이렇게 뒤바뀐다.

반노동주의와 비노동주의

-도박과 게으를 수 있는 권리

프로테스탄트 노동윤리에 따르면 노동은 천국으로 가는 길을 보장하는 가장 신성한 인간의 행위다. 하지만 천국으로 가는 길을 안내해 준다는 노동은 험난하기만 하다. 채워지지 않는 물독처럼 아무리 열심히 노동을 해도 사람들은 살아 있는 동안은 노동에서 벗어날 수 없다. 노동자는 6일 일하고 나서 일요일을 맞이하면 휴일의 즐거움을 맛볼 수 있지만, 월요일이 되면 다시 노동으로 돌아가야 한다. 노동자가 노동을 통해 축적할 수 있는 부는 제한되어 있다. 노동자가 노동을 통해 다른 노동자를 고용할 수 있을 정도의 '자본'을 획득하기란 거의 불가능하다.

노동자는 슈미트처럼 아무리 열심히 일한다 하더라도 노동을 통해 벌어들인 돈으로 계급적 지위를 바꿀 수 없다. 한번 월급쟁이인 사람은 평생 월급쟁이며, 대기업 총수의 아들로 태어난 사람에겐 평생 경영자의 길이 보장되어 있다. 노동은 결코 노동자가 자신의 운명에서 벗어날 수 있도록 돕지 않는다. 한번 노동자로 태어난 사람은 평생 노동자로 살 수밖에 없다. 노동은 그를 결코 자본가로 변신시켜 주지 않는다. 자본주의를 실제로 지배하는 철의 법칙은 이렇다. 그렇기에 중세 신분제를 타파하고 등장한 자본제의 계급 관계는 일종의 신분제로 다시 변화한다. 태어나는 순간 아버지가 누구인가에 따라 한 사람의 일생이 전적으로 결정된다.

도박과 반노동윤리

자본주의가 신분제적 성격을 강하게 갖게 되면, 노동윤리를 체화하지 않고 더 나아가 노동윤리에서 아예 벗어나는 사람들이 출현하게 된다. 노동의 고통 없이 일확천금을 꿈꾸는 도박꾼이 대표적으로 이러한 유형에 속한다. 이들은 근대가 발을 딛고 서 있는 노동윤리를 숭상하지 않는다는 점에서 반사회적 인물이기도 하다. 도박은 시간을 압축하는 마술이다. 도박은 노동이 우리에게 요구하는 기나긴 고통의 순간을 생략한 채 부에 도달할 수 있도록 해 준다. 노동의 법칙은 도박의 세계에서 무용지물이 된다. 노동의 세계에서 1만 년 동안 노동을 해야 축적할 수 있는 부를 도박은 단 1초 만에 달성하도록 해 준다.

과천 경마장에서 터진 최고 경마 배당액은 무려 1만 5954.3배라 한다. 만약 1만 원짜리 마권을 구입했다면 경마에서 승리한 순간 1만 원을 순식간에 1만 5954.3배만큼이나 부풀린 셈이다. 2006년 강원랜드의 슬롯머신에서 터진 최고의 잭팟은 2억 7970만 원이다. 이 잭팟을 터트린 사람은 찰나에 무려 2억 7970만 원을 번 셈이다. 이 돈을 노동을 통해서 벌려면 얼마나 많은 시간이 필요할까? 통계청 발표에 따르면 2005년 기준 도시 근로자의 평균 연봉은 2668만 원이다. 슬롯머신에서 잭팟을 터트린 사람은 도시 근로

자가 10년 동안 번 돈을 꼬박 저축해야 모을 수 있는 돈을 순식간에 손에 쥔 것이다.

현실에서 거지가 순식간에 왕자로 변하는 일은 벌어지지 않는다. 하지만 도박은 현실에서 불가능한 모든 것을 가능한 것으로 바꾸어 놓는다. 도박은 모든 이들에게 인생 대역전의 가능성을 열어 놓는다. 도박을 통해 거지는 일순간 마술처럼 부자로 변할 수 있다. 그래서 도박은 매혹적이다. 노동에서 희망을 찾을 수 없는 사람들은 노동의 법칙을 정지시키는 마법의 세계인 도박에 의존할 수밖에 없다. 현실에서 희망을 약탈당한 사람들은 도박에서 새로운 희망의 출구를 찾는다.

도박꾼은 마술을 통해 현실의 노동 세계에서 벗어나려는 백일몽에 사로잡힌 사람들이다. 현실에서 계층 상승을 기대할 수 없는 사람들에게 마지막 희망은 도박의 '마술'에 있다. 2006년 9월 재건축 예정 아파트의 평당 가격은 서울 평균이 3080만 원이며, 강남은 평당 4115만 원이다. 도시 근로자의 평균 연봉 2688만 원으로는 아파트 한 평도 살 수 없다. 노동을 통해 아파트를 살 수 있는 가능성은 평균적 도시 근로자에게는 0 퍼센트이다. 오히려 로또 1등에 당첨될 수 있는 850만분의 1이 노동을 통해 아파트를 살 수 있는 가능성보다 높다. 그렇기에 사람들은 매주 주말 마법이 실현되기를 고대하며 로또 당첨 결과 발표를 기다리고, 자신을 노동의 구덩이에서 구원해 줄 잭팟의 신이 강림하기를 고대하며 슬롯머신에 칩을 넣는다.

도박꾼이 기대하는 확률이 터지는 순간, 그는 노동의 법칙을 정지시킬 수 있다. 도박에서 돈을 따는 그 순간만큼은 도박꾼은 마술을 통해 자본주의적 노동 원리에 정지 명령을 내리는 영웅적 존재가 된다. 도박꾼은 자신의 영웅적 행동을 통해 노동을 강요하는 자본주의 법칙에서 마술처럼 일순간 벗어날 수 있다고 믿는다. 도박꾼이 노동을 부정하는 행위에 몰두할수록 정작 자신이 꺼낸 칼은 자본주의가 아니라 영웅적 행위를 통해 자본주의에서 벗어날 수 있다고 믿는 자기 자신에게 향한다. 마술은 항상 판돈을 거는 사람의 뜻대로 일어나지 않는다. 거지를 순식간에 왕자로 만들어 버리는 도박의 화려한 마술은 왕자를 단 1초 만에 거지로 만들어 버리기도 한다. 1초 만에 왕자에서 거지로 전락한 도박꾼이 다시 왕자가 될 수 있는 방법은 도박뿐이다. 그래서 도박에서 전 재산을 날려 버린 도박꾼은 자신이 잃어버린 전 재산을 찾기 위해 도박장을 떠나지 못한다. 도박이라는 반노동의 세계에 발을 들여놓은 자는 결코 노동의 세계로 다시 돌아올 수 없다.

그들에게 도박은 자신을 이곳에서 저곳으로 옮겨 줄 유일한 수단이다. 그래서 도박에 빠진 사람들은 전 재산을 도박에서 잃어도 도박을 원망하지 않는다.

"도박에는 신자와 성인들이 있다. 이들은 도박이 약속하는 것 때문이 아니라 도박 그 자체를 위해 도박을 사랑하고, 도박에 의해 쓰러질 때도 도박을 찬양한다. 잔혹하게도 전 재산을 빼앗겨도 그것을 자기 탓으로 돌리지, 도박을 원망하지는 않는다. 즉 운이 나빴다고만 말한다. 그들은 자기를 탓할 뿐 신을 모독하는 말을 내뱉는 일은 없다." [97]

영화 〈타짜〉 중에서

현실에서 희망을 약탈당한 사람들은 도박에서 새로운 희망의 출구를 찾는다.
도박꾼이 기대하는 확률이 터지는 순간, 그는 노동의 법칙을 정지시킬 수 있다.
그 순간만큼 도박꾼은 마술을 통해 자본주의적 노동 원리에 정지 명령을
내리는 영웅적 존재가 된다. 우리가 영화 〈타짜〉에서 쾌락을 느끼는 것은
노동윤리에서 벗어나고 싶기 때문일 것이다.

도박에 빠진 사람은 자신이 돈을 잃어도 그것을 도박의 필연적인 귀결이라 여기지 않고, 단지 오늘은 자신을 위해 예외적으로 준비되어 있던 행운이 찾아오지 않았을 뿐이라 생각한다.

도박을 닮은 자본주의

노동윤리를 무시할 뿐만 아니라 도박이라는 마법을 숭상하는 도박꾼들은 자본주의를 조롱하는 반영웅이자, 노동과 근면의 신이 지배하는 사회에서 '요행'과 '게으름'을 찬양하는 이교도처럼 보인다. 도박꾼은 노동을 권유하는 자본주의에 저항하는 혁명가처럼 보이지만, 결국 누구보다도 철저하게 자본주의 법칙에 충실한 인물이다.

현실의 원리는 도박의 원리와 결코 다르지 않다. 자본주의는 노동윤리를 기반으로 구성되어 있는 것처럼 보이지만, 이면을 들여다보면 자본주의 사회는 확장된 카지노이며, 카지노는 축소된 사회이다. 도박에서 1초 만에 거지가 왕자가 되는 마술이 벌어지는 것처럼, 주식시장에서는 노동의 고통을 거치지도 않고 1초 만에 거지가 왕자로, 왕자가 거지가 되는 마법이 벌어진다. 주식시장에서 1초 만에 거지가 왕자가 될 수 있는 돈을 벌어들이는 자는 노동자들에게 노동윤리를 주입하지만 정작 자신은 반노동윤리를 실현한다.

도박꾼이 축소된 사회인 카지노 속의 인물이라면, 투기 자본가는 확장된 카지노인 사회에서 반노동윤리를 숭상하는 인물이다. 노동의 고통을 생략한 채 부를 거머쥐려 한다는 점에서 도박꾼과 투기 자본가는 결코 다르지 않다. 그렇기에 한 도박업자의 이런 항변은 정당하다. "증권거래소의 매장에서도 우리 도박장의 입회소처럼 사람들이 와서 도박을 하고 운에 도전합니다. (……) 그런데 이처럼 증권거래의 도박과 우리의 게임이 꼭 닮았는데도 왜 주식은 허가하고 도박은 금지하는 겁니까?"[98] 도박이 벌어지는 '하우스'는 불법 시설이라는 점에서만 증권거래소와 다를 뿐이다. 카지노에서 재산을 탕진하고 호텔 로비에서 새우잠을 자는 도박꾼이 있으면, 그 곁에는 그의 돈으로 샴페인을 터트리는 도박꾼이 있다. 주식 투자에서 거금을 벌어들인 투자가가 있으면, 자살로 삶을 마감하는 투자가가 있기 마련이다.

주식시장은 카지노처럼 제로섬 게임이며, 부익부 빈익부의 법칙은 카지노에서처럼 주식시장에서도 통용된다. 거액의 판돈을 건 자는 큰돈을 벌 수 있고, 돈이 없는 자는 카지노 게임에서 승리하더라도 적은 돈만을 챙길 수 있다. 도박꾼은 시시포스의 고통 없이도 순식간에 부를 축적하는 온갖 형태의 투기꾼(때론 투자가란 이름으로 세탁되는)처럼 반노동적 인물이지만 동시에 철저히 자본주의적 속성에 충실한 인물이다. 자본주의는 노동자에게 노동윤리를 숭상하라고 가르치지만, 역설적으로 노동하지 않는 사람들이 자본주의의 경쟁에서 막대한 부를 거머쥔다.

과연 노동은 우리를 행복하게 만들어 줄까?

도박꾼이 프로테스탄트 노동윤리에서 벗어난 인간 유형이라면, 노동의 의미를 달리 해석하면서 노동 중심의 삶을 벗어나는 또 다른 인간 유형도 있다. 노동윤리의 강제에서 벗어난 인간 유형을 우리는 전후에 태어난 신세대에서 찾아볼 수 있다. 신세대들의 새로운 노동윤리에 대해 직접 언급하기 전에 게으를 수 있는 권리를 주장했던 라파르그의 이야기를 잠시 들어 보자.

라파르그는 매우 흥미로운 사람이다. 그는 과학적 사회주의의 사상가인 카를 마르크스의 사위였다. 잘 알려진 것처럼 사회주의 사상가 마르크스는 노동을 매우 중요한 분석의 대상으로 삼았다. 반면 그의 사위면서 사회주의자인 라파르그는 1883년 아주 도발적인 내용이 담긴 『게으를 수 있는 권리』라는 제목의 책을 출간했다. 그 책은 제목부터 아주 도발적이다. 당시 노동할 수 있는 권리를 위해서 투쟁하던 노동조합의 입장에서 라파르그의 이런 주장은 황당하게 들렸다. 사회주의 운동의 상식은 '노동을 통한 사회주의 건설'이었다. 사회주의자인 라파르그가 노동을 부정하는 게으를 수 있는 권리를 주장하다니? 게다가 사회주의자가 아니라 상식적인 프로테스탄트 노동윤리를 신봉하는 사람들 입장에서도 라파르그의 주장은 정신 나간 소리처럼 들릴 수 있다.

우린 라파르그의 주장을 어떻게 해석해야 할까? 게으를 수 있는 권리를 주장하는 라파르그의 말을 문자 그대로 해석할 수는 없다. 어디까지나 라파르그의 주장은 농담이다. 하지만 그 농담은 실없는 농담이 아니라 귀담아들어 볼 만한 아주 진지한 농담이다. 그 진지한 농담 속에 담겨 있는 현대 사회에 대한 날카로운 비판을 경청해 보자.

게으를 수 있는 권리?

'게으를 수 있는 권리'라는 표현은 어디까지나 패러디다. 라파르그는 그럼 무엇을 패러디하려 했던 것일까? 라파르그는 프로테스탄트 노동윤리를 패러디한다. 프로테스탄트 윤리에 따르면 근면은 은총을 받을 수 있는 행위지만, 게으름은 천벌을 받을 행위다. 라파르그는 악마를 찬양하기 위해 게으를 수 있는 권리를 주장한 것일까? 아니다. 라파르그는 근면과 노동에 대한 찬양이 불러온 일중독의 위험을 경고하기 위해 게으름이라는 행동의 의미를 다시 성찰해 보자고 제안한다.

일중독에 걸린 사람들이 있다. 일중독은 알코올중독에 비하면 좋은 중독이 아니냐고 반문할 수도 있겠지만, 일중독도 중독이다. 알코올중독에 걸린 사람들은 자신이 중독됐다는 것을 숨기거나, 누군가 알코올중독이 아니냐고 따져 물으면 애써 부인한다. 하지만 일중독인 사람들은 스스로 일중독임을 내세운다. 어떤 사람은 자신이 일중독임을 자랑하기도 한다. 왜 이런 일들이 벌어지는 것일까? 노동을 찬양하는 프로테스탄트 노동윤리가 상식으로 자리 잡은 결과다. 라파르그는 이러한 상식에 도전한다.

프로테스탄트 윤리에 따르면 노동은 인간을 구원으로 다가서게 만드는 성스러운 행동이지만, 라파르그는 노동에 대한 찬양이 빚어낸 근대의 참상을 고발한다. 라파르그가 보기에 노동과 근면에 대한 과도한 집착은 인간을 행복하게 해 주기는커녕 현대 사회의 인간을 불행으로 몰아넣는다. 라파르그는 노동과 근면이야말로 우리가 벗어던져야 하는 이데올로기라 생각한다. 자본주의 시스템이 유지되는 한, 노동은 온갖 형태의 지적 타락을 가져오는 동시에 모든 생명체를 기형으로 만드는 원인에 불과하다.

자본주의 문명이 지배하는 국가의 노동자 계급은 기이한 환몽에 사로잡혀 있다. 이러한 망상이 개인과 사회에 온갖 재난을 불러일으켜, 지난 2세기 동안 인류는 크나큰 고통을 겪어 왔다. 다름 아니라 노동에 대한 사랑, 일에 대한 격렬한 열정이 바로 이러한 환상의 한가운데 자리 잡고 있으며, 이러한 열정이 어찌나 격렬한지 한 개인뿐만 아니라 후손들의 생명력까지 소진한 지경에 이르렀다. 성직자, 경제학자, 그리고 도덕가들은 이처럼 정신 나간 생각에 반대하기보다는 노동의 주위에 성스러운 광채를 드리우고 있다.[99]

라파르그는 노동윤리란 지배를 정당화하기 위해 만들어진 담론에 불과하다고 해석한다. 따라서 라파르그가 생각한 행복해질 수 있는 방법은 열심히 노동하는 것이 아니라, 노동에 대한 강박에서 벗어나는 것이다. 사실 근대 사회가 출현한 이후 사람들의 머릿속에는 노동과 근면이 우리를 행복에 도달하게 해 줄 것이라는 꿈이 있었다. 라파르그는 우리가 지니고 있는 노동과 근면에 대한 상식을 뒤집는다. 우리가 갖고 있는 상식에 따르면 인간은 노동을 통해 자신을 계발하며, 노동은 인간을 행복하게 해 줄 수 있는 통로다. 하지만 라파르그에 따르면 인간은 노동을 많이 하면 할수록 자신의 능력을 계발하기는커녕 오히려 능력이 퇴화한다.

사실 노동 그 자체보다 어떤 노동인가가 중요하다. 과연 모든 노동이 인간의 능력을 계발해 줄까? 만약 우리가 창작 활동을 노동이라 부른다면, 노동은 인간의 능력을 계발시켜 준다고 이야기할 수도 있을 것이다. 소설가가 소설을 많이 쓰면 쓸수록 소설가로서 자신의 능력을 계발할 수 있을 것이다. 하지만 컨베이어 벨트에서 하루 종일 단순 조립 작업을 반복하는 노동이라면 과연 우리는 노동이 인간의 능력을 계발시킨다고 주장할 수 있을까? 오히려 이런 종류의 노동을 장시간 수행하면 인간은 능력을 계발하기는커녕 온갖 직업병에 시달리게 될 것이다. 그래서 라파르그가 제기하는 해결책은 노동과 근면에 대한 강박에서 벗어날 필요가 있다는 것이다.

세대 차이라는 게 있다. 노동과 근면에 대한 가치와 관련해서도 세대간 가치관의 차이는 매우 크게 나타난다. 한국전쟁을 경험했고 전쟁 이후 절대 빈곤의 시대를 기억하고 있는 구세대는 노동과 근면에 매우 큰 가치를 부여한다. 그래서 그들은 매우 열심히 일했다. 일중독이라는 표현은 구세대들에게는 나쁜 뜻이 아니었다. 오히려 그들은 일중독이라는 표현 자체를 훈장처럼 여겼다. 하지만 절대 빈곤에서 한국 사회가 벗어나고 난 후 출생하고 성장한 세대들은 구세대와는 다른 가치관을 보여 준다. 신세대는 구세대만큼 노동과 근면에 절대적인 가치를 부여하지 않는다. 전수되어 온 노동윤리를 새롭게 해석하는 세대가 등장하기 시작한 것이다.

신세대의 새로운 가치

노동이 자율성을 지니는 활동일 경우에만 사람들은 노동 욕구를 갖는다. 아무리 힘든 일이라 하더라도 자발적으로 선택한 봉사 활동에서 사람들은 즐거움을 느낀다. 하지만 돈을 벌기 위해서 억지로 해야 하는 노동에서 사람들은 즐거움을 맛볼 수 없다. 구세대들은 노동과 즐거움을 겹쳐 생각하지 않았다. 즉 그들은 노동에서 즐거움을 맛볼 수 있으리라는 기대를 하지 않았다. 그렇지만 신세대들의 가치는 다르다. 그들은 경제적 생존이라는 그 자체에 만족하지 못하며, 더 즐거운 일을 원한다. 그들이 일을 선택할 때 중요한 기준은 경제적 보수가 아니라 얼마만큼 그 일이 나에게 즐거움을 줄 수 있느냐다. 이러한 가치관의 변화와 함께 새로운 유형의 노동윤리를 소유한 인간형이 등장한다.

이 새로운 세대는 2차 세계대전 이후 각 나라에서 등장하기 시작했다. 서유럽에서는 이미 1960년대에 새로운 노동윤리의 유형을 지닌 사람들이 등장했다. 그들은 안정된 고용보다는 오히려 파트타임 일자리를 선호했다. 왜 그들은 안정된 직장보다는 차라리 파트타임을 선택할까?

우리가 대기업에 들어간다고 해 보자. 대기업은 매우 안정되어 있으며, 상대적으로 높은 보수를 지급한다. 자, 그렇다면 우리는 안정된 작업 환경과 상대적으로 높은 보수를 받은 대가로 회사에 무엇을 되돌려 줘야 할까? 그건 회사에 대한 충성이다. 그리고 스스로를 회사가 원하는 인간형으로 개조해야 한다. 이렇게 해서 우리가 안정된 작업 환경과 상대적으로 높은 보수를 받는 직장에 들어가면 이른바 '회사형 인간'으로 변화해야 한다. '회사형 인간'은 매일 시간에 맞추어 출근해야 한다. '회사형 인간'은 정확한 시간에 출근해야 하지만, 퇴근 시간은 들쭉날쭉하다. 일이 많으면 야근도 해야 하고, 어떤 때는 심지어 휴가도 반납하고 일해야 한다. 게다가 '회사형 인간'은 퇴근 후에도 자기 시간을 가질 수 없다. 때에 따라 '회사형 인간'은 퇴근 후에도 거래처 사람을 접대해야 하며, 원하지 않아도 접대를 위해 밤늦게까지 술을 마셔야 한다. '회사형 인간'은 이렇게 살아야 한다.

하지만 '회사형 인간'은 자신의 개성을 말살하고 스스로를 회사가 원하는 표준적인 인간으로 개조한 대가로 안정된 직장과 높은 보수를 받는다. 구세대는 군소리 없이 자신을 '회사형 인간'으로 바꾸었다. 하지만 2차 세계대전 이후 출현한 신세대들은 이전에 필연이라고 여겼던 '회사형 인간'을 선택 사항으로 생각하기 시작했다. 이전에는 누구나 대학을 졸업하면 대기업에 취업하고 '회사형 인간'이 되어 그저 그렇게 사는 게 인생이라고 생각했다. 하지만 신세대들은 '회사형 인간'이 되는 길의 의미에 대해 고민하기 시작했다. '회사형 인간'이 되면 나는 안정을 얻을 수 있지만 나의 욕구와 자유는 반납해야 한다. 과연 나의 욕구와 자유를 '회사형 인간'으로 개조하는 것과 바꿀 수 있는 것인가? 이 갈림길에서 오히려 안정보다는 개인의 자유를 선택하는 사람들이 등장하기 시작했다. 1960년대에 서구에서 등장한 신세대들의 노동윤리를 설명하는 글을 보자.

몇 년 전에 실시된 이탈리아의 조사에 따르면, 놀랍게도 젊은 세대들은 대체로 파트타임 일자리를 선호하고, 불안정하거나 단기적인 일자리에 취업하면서 가능하다면 차례로 다양한 활동을 추구하려 한다. 소득이 제한된 대학생들조차도 문화적 활동을 위해 대부분의 시간을 할애할 수 있는 직업을 가장 선호한다. 임금 소득 인구의 거의 절반이 안정적이면서도 사회적으로 유용하고 경제적으로도 만족스러운 풀타임 직업을 구할 수 없는 형편이다 보니, 상당한 비율의 젊은 임금 소득자들은 자아실현이나 개인적 능력을 충분히 발휘할 수 없는 진로나 직업에 풀타임이든 평생 동안이든 관련되지 않으려 한다.[100]

처음에 서구에서 출현한 이러한 유형은 경제 발전이 성숙 궤도에 오른 나라라면 어디에서나 나타난다. 한때 일본 사람들은 노동에만 몰두한다고 해서 '경제 동물'이라는 명예롭지 못한 호칭을 듣던 때가 있었다. 경제 동물이란 노동과 근면을 인생 최고의 가치로 삼는 인간 유형이다. 경제 동물이 지배적이었던 일본에서도 새로운 가치를 지닌 세대가 등장했다. 일본에서는 그들을 '신인류'라고 부른다. 신인류는 경제 동물과는 전혀 다른 가치를 숭상한다.

이러한 변화는 한국에서도 감지되고 있다. 한국에서도 더 많은 월급과 더 많은 자유 시간 사이에서 무엇을 선택할 것인가를 물어보면, 월급을 좀 더 적게 받더라도 자유 시간을 많이 누릴 수 있는 직장을 선택하는 경향이 점점 더 늘어나고 있다. 도박에 중독된 사람들이 프로테스탄트적 노동윤리를 거꾸로 뒤집으면서 부정하는 반(反)노동주의자들이라면, 노동보다 자유로운 여가 시간을 더욱 더 소중하게 여기는 이러한 사람들은 비(非)노동주의의 생활 태도를 보여 주는 이념형적 인물이라 할 수 있다.

에필로그

막스 베버가 남긴 유산

『프로테스탄트 윤리와 자본주의 정신』이 세상에 출간된 지 100여 년이 넘었다. 그렇게 많은 세월이 흐르는 동안 사회는 급격하게 변화했고, 현재 우리는 베버가 상상할 수 없었던 새로운 환경 속에서 살고 있다. 그렇기에 막스 베버가 『프로테스탄트 윤리와 자본주의 정신』에서 해석한 노동윤리의 의미는 오늘날 사회에 그대로 적용될 수 없다. 그 세월 동안 자본주의는 제국주의 시대를 거쳐 냉전 체제를 경과해 신자유주의 시대에 이르기까지 급격히 변화했고, 자본주의의 변화에 맞추어 노동의 형태와 의미 또한 변화했다.

세계화는 비동시성의 동시성*이라는 매우 모순적 상황을 강화한다. 세계화로 인해 가장 고도로 발달된 자본주의 경제 체제를 유지하고 있는 나라와 이제 자본주의 경제 체제로 막 들어서기 시작한 나라, 사회주의적 경제 체제를 지니고 있는 나라들이 동시에 존재하며, 이들 나라 사이의 상호 의존 관계는 더욱더 밀접해지고 있

---

*다른 시대에 존재하는 사회적 요소들이 같은 시대에 공존하는 현상을 비동시성의 동시성이라 한다.

다. 자본주의의 상이한 발전 단계를 경험하고 있는 나라들은 '지구화'를 통해 동시성의 궤도 속으로 빨려 들어간다. 이런 모순된 상황 속에서 노동의 의미, 그리고 노동의 의미를 해석하는 노동윤리라는 담론 체계 또한 비동시성의 동시성을 겪고 있다. 자본주의 발전이 성숙기에 접어들었고 오래된 세속화의 경험을 지닌 서구 자본주의 국가에서 개신교와 프로테스탄트 노동윤리의 사회적 영향력은 급격히 감소하고 있다. 반면 이제 막 자본주의 시장경제에 돌입하기 시작한 나라에서 프로테스탄트적 노동윤리는 전통주의를 대체하는 새로운 담론 체계로 부상하고 있다.

자본주의의 변화와 더불어 사회 속에서 종교가 차지하는 의미 또한 매우 심각하게 변했다. 문화권마다 차이는 있겠지만, 종교가 사회 속에서 차지하는 위치는 급격히 떨어졌다. 베버가 지적했던 세속화는 그가 『프로테스탄트 윤리와 자본주의 정신』을 쓰던 시기와 비교해 볼 때, 매우 급격하게 진행되었다. 본래 기독교는 그리스 로마 전통과 더불어 유럽 문화의 양대 지주였다. 유럽 문화는 그리스 로마 전통과 기독교 전통의 결합이 빚어낸 산물이었다. 유럽 사회에서 종교의 세속화는 속도를 더하게 되어, 종교가 개인의 삶에 미치는 영향은 크게 쇠퇴하였다. 종교의 세속화로 인한 사회 변동은 곳곳에서 발견된다. 유럽은 기독교 전통이었다. 그러나 기독교는 현재 유럽이 아니라 전통적으로는 비기독교 지역에서 영향력을 확보하고 있지만, 정작 유럽에서 기독교는 과거와 비교해 볼 때 큰 힘을 발휘하고 있지 못하다.

가치의 다원화는 속도를 더해 가고 있으며, 그러한 변화에 따라 과거 프로테스탄트 윤리와는 구별되는 다양한 형태의 노동에 관한 담론들이 형성되기 시작했다. 베버가 분석 대상으로 삼았던 시기에 노동이 인간의 삶에서 차지했던 의미와 현재의 의미는 매우 달라졌다. 그리고 인간이 선택할 수 있는 삶의 유형 또한 베버가 분석했던 시기와는 비교할 수 없을 정도로 다양해졌다. 이러한 변화로 우리는 막스 베버가 『프로테스탄트 윤리와 자본주의 정신』에서 제출했던 테제를 우리가 살고 있는 현대 사회를 이해하기 위해 그대로 적용할 수 없다. 우리는 베버의 문제의식은 수용하되, 베버가 살았던 시대와는 구별되는 새로운 현상을 우리의 힘으로 연구해야 한다.

몇몇 영역에서 베버의 테제가 지니는 설명력은 한계를 보이고 있지만, 베버가 우리에게 남긴 지적 유산은 여전히 유효하다. 베버는 사회 속에 살고 있는 개인의 행동을 이해하고, 사회 변화를 파악하기 위해서는 문화적 맥락에 주목해야 함을 강조했다. 베버가 우리에게 남긴 가장 중요한 유산은 베버의 개별 테제라기보다는 이러한 '문화주의적' 사유 방식이다. 사회현상을 베버가 지적한 문화주의적 사고방식을 통해 규명하면, 보이지 않던 새로운 사회 현상의 의미를 파악할 수 있다. 베버의 이러한 발상은 현대 사회를 분석할 때 매우 유용한 도구로 사용할 수 있다. 한 사회의 특성을 이해하기 위한 방법적 틀로서 문화가 지닌 유용성은 베버가 살아 있던 시대보다 지금 우리가 살고 있는 시대에서 더욱더 빛을 발하고 있다.

베버는 서양 문화의 특징을 다른 문화와 비교해서 연구했지만,

〈내가 이 일을 계속해도 될까?〉
박찬석. 2002년

베버를 통해 우리는 각자의 인생에서 '노동'이 차지하는 의미에 대해
성찰할 수 있다. 나는 왜 일을 해야 하는 것일까? 나의 삶에서
노동에 어떤 비중을 부여할 것인가? 직업 세계로 들어가기 전이든,
이미 직업 세계에서 활약하고 있든, 한번쯤은 노동과 직업이
자신의 삶에서 차지하는 위치에 대한 성찰이 필요할 것이다.
사진은 삼청동 어느 갤러리의 벽면.

그의 연구는 한계점을 지니고 있다. 베버는 서양이 아닌 다른 곳의 문화를 문헌을 통해서 접했다. 베버가 비서양 지역을 문헌으로만 만날 수 있었다는 점은 베버의 시대와 우리가 사는 시대의 결정적인 차이를 잘 보여 준다. 베버가 살던 시대만 하더라도 외국이라는 범위는 매우 한정적이었다. 베버에게 외국이라는 범주로 이해될 수 있었던 지역은 대서양 건너 미국에 불과했을 것이다. 그 외의 지역은 추상적인 개념에 불과했다. 하지만 우리가 사는 시대에 세계화는 급진전되어, 우리에게 외국은 추상적 개념이 아니라 현실이 되어 버렸다. 이제 우리가 사는 사회에서 서로 다른 문화 사이의 교류는 일상이 되었다. 그래서 우리에게 타인을 이해하고, 나를 이해하기 위한 방법으로 문화의 중요성은 더욱더 커지고 있다.

변동을 이해하는 방법으로 베버는 개인들의 내적 동기에 주목했다. 낯선 문화와 마주칠 때 갈등을 일으키지 않기 위해서는, 각 지역의 고유한 문화가 사람들의 사유 방식과 내적 동기에 미치는 역할에 주목할 필요가 있다. 만약 우리가 문화를 통해 그 지역에 사는 사람들에게 고유하게 나타나는 내적 동기를 미리 알고 있다면 국가 간, 문화 간 갈등을 상당수 예방할 수 있다. 문화 간 갈등은 많은 경우 서로 다른 내적 동기를 이해하지 못하기 때문에 발생한다.

베버를 통해 우리는 각자의 인생에서 '노동'이 차지하는 의미에 대해 성찰할 수 있다. 나는 왜 일을 해야 하는 것일까? 나의 삶에서 노동에 어떤 비중을 부여할 것인가? 본격적인 직업 세계로 들어가기 전에, 한번쯤은 노동과 직업이 자신의 삶에서 차지하는 위치에 대한 성찰이 필요할 것이다. 이런 점에서 베버는 우리에게 매우 많은 유산을 남긴 셈이다. 물론 그 유산의 상속자는 베버가 우리에게 남긴 유산의 가치를 제대로 파악하는 사람이다. 이 책이 독자들에게 베버가 남긴 유산의 상속자가 될 가능성을 부여할 수 있다면 지은이가 이 책을 쓸 필요는 분명히 있었던 셈이다. 우리들의 이야기는 이렇게 끝이 난다.

주

1) 조안 B. 시울라(2005), 안재진 옮김, 『일의 발견』, 다우, 20쪽.

2) 같은 책, 53쪽.

3) 마이클 캐넌(2001), 김혜중 옮김, 『무지카 프라티카』, 동문선, 85쪽.

4) 막스 베버(1993), 이건용 옮김, 『음악사회학』, 민음사, 참조.

5) 앤서니 기든스(1981), 이종수 옮김, '막스 베버의 자본주의 이론', 『막스 베버의 학문과 사상』, 한길사, 209쪽.

6) Weber. M.(1984), *Max Weber, Ein Lebensbild*, J.C.B. Mohr, 293쪽.

7) 같은 책, 295쪽.

8) H. 거스·찰스 W. 밀스(1981), 이종수 옮김, '막스 베버의 생애와 업적', 『막스 베버의 학문과 사상』, 한길사, 79쪽.

9) 같은 책, 80쪽.

10) 같은 책, 80~81쪽.

11) 전성우(1996), 『막스 베버의 역사사회학 연구』, 사회비평사, 53쪽.

12) 브라이언 터너(2004), 최우영 옮김, 『막스 베버 근대성과 탈근대성의 역사사회학』, 백산서당, 26쪽.

13) 딜타이 역시 빈델반트의 자연과학과 인문학의 구분에 동의한다. 딜타이는 자연과학의 반대 극에 놓인 과학을 정신과학이라 명명했다. 자연과학 모델을 모든 학문에 적용하려는 실증주의적 기획이 모든 과학은 동일하다는 학문의 보편성을 주장한다면, 딜타이는 각각의 과학은 다른 특성을 지님을 강조한다. 딜타이에게 정신과학의 자율성 회복은 실증주의적 자연과학의 확장이 초래한 근대의 위기에서 벗어날 수 있는 유일한 길이었다. 딜타이에 따르면 자연 세계는 순수 객관의 세계이지만, 정신 세계는 순수 주관의 세계이다. 그래서 주관적인 정신 세계를 다루는 정신과학은 인과 모델에 입각한 자연과학의 방법론과는 달리 이해와 해석을 방법론으로 삼는다는 것이다.

14) 앤서니 기든스(1981), 앞의 책, 232쪽.

15) 조안 B. 시울라(2005), 앞의 책, 65쪽.

16) 한나 아렌트(1996), 이진우·태정호 옮김, 『인간의 조건』, 한길사, 137~138쪽.

17) 헤르베르트 마르쿠제(1982), 최현·이근영 옮김, 『미학과 문화』, 범우사, 8쪽.

18) 폴 라파그르(1997), 조형준 옮김, 『게으를 수 있는 권리』, 새물결, 47쪽.

19) 브라이언 터너(2004), 앞의 책 208쪽.

20) 필립 아리에스·조르주 뒤비(2002), 주명철·전수연 옮김, 『사생활의 역사』, 새

물결, 198쪽.

21) 조안 B. 시울라(2005), 앞의 책, 58쪽.

22) 알 지니(2007), 공보경 옮김, 『일이란 무엇인가』, 들녘, 43쪽.

23) 조안 B. 시울라(2005), 앞의 책, 56쪽.

24) 알 지니(2007), 앞의 책, 43쪽, Ciulla, J. B.(2005), 앞의 책, 58쪽.

25) 조안 B. 시울라(2005), 앞의 책, 277쪽.

26) 알 지니(2007), 앞의 책, 127쪽.

27) 알 지니(2007), 앞의 책, 127쪽.

28) 알 지니(2007), 앞의 책, 127쪽.

29) 폴 라파그르(1997), 앞의 책, 68쪽.

30) 알 지니(2007), 앞의 책, 127쪽.

31) 폴 망투(1987), 정윤형·김종철 옮김, 『산업혁명사』, 창작사, 532~533쪽.

32) 헬무트 슈나이더(1982), 한정숙 옮김, 『노동의 역사』, 한길사, 278~279쪽.

33) 칼 하인츠 가이슬러(2002), 박계수 옮김, 『시간』, 석필, 243~244쪽.

34) 한나 아렌트(1996), 앞의 책, 140쪽.

35) 한나 아렌트(1996), 앞의 책, 156쪽.

36) 프랭크 파킨(1985), 양승태 옮김, 『막스 베버』, 학문과사상사, 64쪽.

37) 로버트 보콕(1996), 전효관·김수진·박병영 옮김, '현대 사회의 문화적 형성', 『현대성과 현대 문화』, 현실문화연구, 364쪽.

38) S. 오즈맹(2004), 박은구 옮김, 『프로테스탄티즘』, 혜안, 109쪽에서 재인용.

39) 루터의 '95개 논제'는 신학적 논쟁을 담고 있는 문서였다. '95개 논제'에서 루터는 로마 교황청의 면죄부 판매를 새로운 신학적 해석에 근거해 비판했다. '95개 논제'의 32번째 논제에서 루터는 "면죄 증서에 의하여 자신의 구원이 확실하다고 스스로 믿는 사람은 그것을 가르치는 사람들과 함께 영원히 저주를 받을 것이다"라며 면죄부 판매에 강력하게 반발했다. '95개 논제'와 더불어 루터는 두 편의 매우 도발적인 논문을 썼다. 첫 번째는 '독일 민족의 그리스도인 귀족들에게 그리스도인의 신분 개선에 관하여 보내는 글'이라는 제목의 논문이다. 이 논문은 매우 혁명적인 내용을 담고 있다. 이 논문에서 루터는 가톨릭교회와는 다른 조직의 필요성을 직접적으로 언급하고 있다. 루터는 교황, 주교, 사제, 수도사와 수녀 등은 성스러운 세계에 속하고 제후, 영주, 장인과 농부 등은 세속적 세계에 속한다는 가톨릭의 이분법을 의문시했다. 루터는 이런 구별이 가짜이며, 기독교인들은 누구든지 단일한 세계에 속한다고 주장했다. 또한 이 논문에서 루터는 사제직(priesthood)이 아니라 목사직(ministry)을 강조하는 프로테스탄트를 가톨릭으로부터 구별시켜 주는 주요 제안을 담고 있다. 그는 목사의 결혼, 종교적 사안에 대한 프로테스탄트 정부의 책임 등을 주장하였다.

루터가 작성한 또 다른 논문의 제목은 '교회의 바빌론 유수에 관한 서곡'이었다. 이 논문에서 루터는 가톨릭의 의례들을 철저하게 비판하였다. 그는 사제들이 독점하고 있던 미사 성례는 신앙의 실천이 아니라 신앙을 흉내 내는 것에 불과하며, "고해성사도 독재의 한 형태였으며 회개의 제도는 돈과 권력의 공장"이라고 강력히 비판했다. 페트릭 콜린슨(2005), 이종인 옮김, 『종교개혁』, 을유문화사, 94~95쪽.

40) 페트릭 콜린슨(2005), 같은 책, 96쪽.

41) 루터는 '오로지 믿음으로만(sola fide)', '오로지 성서로만(sola scriptura)', '오로지 은총으로만(sola gratia)'을 3대 핵심 교리로 제시했다.

42) 페트릭 콜린슨(2005), 위의 책, 89쪽.

43) 헨리 미터(1976), 박윤선·김진홍 옮김, 『칼빈주의』, 한국개혁주의신행협회, 28쪽.

44) 서성록(2001), 『렘브란트의 성서 그림 이야기』, 재원, 참조.

45) 존 몰리뉴(2003), 정병선 옮김, 『렘브란트와 혁명』, 책갈피, 참조.

46) 페트릭 콜린슨(2005), 앞의 책, 234쪽.

47) 페트릭 콜린슨(2005), 앞의 책, 137쪽.

48) 페트릭 콜린슨(2005), 앞의 책, 245쪽.

49) 조안 B. 시울라(2005), 앞의 책, 75쪽.

50) 조안 B. 시울라(2005), 앞의 책, 75쪽.

51) 전성우(1996), 앞의 책, 249쪽.

52) 브라이언 터너(2004), 앞의 책, 175쪽.

53) 플래터의 삶은 『프로테스탄티즘』(S. 오즈맹(2004), 박은구 옮김, 혜안)을 통해 재구성한 것이다.

54) 필립 샤프(2004), 박경수 옮김, 『스위스 종교개혁』, 크리스챤 다이제스트, 469쪽, 재인용.

55) 필립 샤프(2004), 박경수 옮김, 『스위스 종교개혁』, 크리스챤 다이제스트, 470쪽, 재인용.

56) 전성우(1996), 앞의 책, 251쪽.

57) 페트릭 콜린슨(2005), 앞의 책, 139쪽.

58) 앤서니 기든스(1981), 앞의 책, 221쪽.

59) 조안 B. 시울라(2005), 앞의 책, 87쪽.

60) 브라이언 터너(2004), 앞의 책, 176쪽.

61) 조안 B. 시울라(2005), 앞의 책, 278쪽.

62) 김현애(2000), '청교도의 거장 리처드 백스터의 설교 연구', 장로회신학대학교 대학원 석사 학위 논문, 62쪽, 재인용.

63) 제임스 I. 파커(1994), 박영호 옮김, 『청교도 사상』, 기독교문서선교회, 55쪽.

64) Radkau. J.(2005), *Max Weber, Die Leidenschaft des Denkens*, Hanser, 319쪽.

65) 월터 아이작슨(2006), 윤미나 옮김, 『인생의 발견』, 21세기북스, 29~30쪽.

66) 같은 책, 97쪽.

67) 벤저민 프랭클린(2005), 최종률 옮김, 『프랭클린, 위대한 생애』, 지훈, 164~165쪽.

68) 같은 책, 168쪽.

69) 같은 책, 169쪽.

70) 같은 책, 174쪽.

71) 같은 책, 177쪽.

72) 벤저민 프랭클린(1994), 장명혜 옮김, 『가난한 리처드의 달력』, 동천사, 40~45쪽.

73) 벤저민 프랭클린(2003), 이혜경 옮김, 『부자가 되는 길』, 청년정신, 21쪽.

74) 같은 책, 43쪽.

75) 같은 책, 27쪽.

76) 같은 책, 47쪽.

77) 같은 책, 45쪽.

78) 같은 책, 61쪽.

79) 프레더릭 W. 테일러(1994), 박진우 옮김, 『과학적 관리의 원칙』, 박영사, 18쪽.

80) 같은 책, 49쪽.

81) 같은 책, 67쪽.

82) 같은 책, 67쪽.

83) 안드레아 가보(2006), 심현식 옮김, 『자본주의 철학자들』, 황금가지.

84) http://news.khan.co.kr/kh_news/khan_art_view.html?artid=2007
03021822461&code=940100 (검색 일자 2008년 3월 1일)

85) http://www.munhwa.com/news/view.html?no=200708160103182
41030020 (검색 일자 2008년 3월 1일)

86) 장희정(2006), '자기 계발의 시대 – 프랭클린 플래너 유저들의 모임을 중심으
로', 서강대학교 사회학과 석사 학위 논문, 31쪽.

87) http://www.eklc.co.kr/www/shop/atoz/atoz01_02.asp (검색 일자 2008년 3
월 1일)

88) http://www.hani.co.kr/arti/culture/culture_general/99196.html (검색 일자
2008년 3월 1일)

89) 조안 B. 시울라(2005), 앞의 책, 85쪽.

90) 다니엘 벨(1990), 김진욱 옮김, 『자본주의의 문화적 모순』, 문학세계사, 102쪽.

91) 알 지니(2007), 앞의 책, 138쪽.

92) 소피 킨셀라(2005), 노은정 옮김, 『쇼퍼홀릭, 레베카 쇼핑의 유혹에 빠지다』

    1권-1, 황금부엉이, 76쪽.

93) 같은 책, 173쪽.

94) 같은 책, 102~103쪽.

95) 장 보드리야르(1991), 이상률 옮김, 『소비의 사회』, 문예출판사, 24쪽.

96) 볼프강 F. 하우크(1991), 김문환 옮김, 『상품 미학 비판』, 이론과 실천사, 참조.

97) 발터 벤야민(2005), 조형준 옮김, 『아케이드 프로젝트』, 새물결, 1128쪽.

98) 같은 책, 1137~1138쪽.

99) 폴 라파르그(1997), 앞의 책, 44쪽.

100) Gorz. A.(1990), *The New Agenda, New Left Review*, no. 184, 43쪽.

그랜트 매크래켄(1996), 이상률 옮김, 『문화와 소비』, 문예출판사.

김덕영(2003), 『논쟁의 역사를 통해 본 사회학』, 한울.

김영식(2001), 『과학혁명』, 아르케.

김현애(2000), "청교도의 거장 리처드 백스터의 설교 연구", 장로회신학대학교 대학원 석사 학위 논문.

다니엘 벨(1990), 김진욱 옮김, 『자본주의의 문화적 모순』, 문학세계사.

데니스 H. 롱(1981), 이종수 옮김, '막스 베버 사회학의 기본 성격', 『막스 베버의 학문과 사상』, 한길사.

로버트 보콕(1996), 전효관·김수진·박병영 옮김, '현대 사회의 문화적 형성', 『현대성과 현대문화』, 현실문화연구.

마이크 페더스톤(1999), 정숙경 옮김, 『포스트모더니즘과 소비 문화』, 현대미학사.

마이클 캐넌(2001), 김혜중 옮김, 『무지카 프라티카』, 동문선.

막스 베버(1988), 박성수 옮김, 『프로테스탄티즘의 윤리와 자본주의 정신』, 문예출판사.

막스 베버(1993), 이건용 옮김, 『음악사회학』, 민음사.

막스 베버(2002), 전성우 옮김, '사회과학적 그리고 사회정책적 인식의 객관성', 『탈주술화 과정과 근대 학문, 종교, 정치』, 나남출판.

막스 베버(2002), 전성우 옮김, '직업으로서의 학문', 『탈주술화 과정과 근대 학문, 종교, 정치』, 나남출판.

미우라 아츠시(2006), 이화성 옮김, 『하류사회』, 씨앗을 뿌리는 사람.

발터 벤야민(2005), 조형준 옮김, 『아케이드 프로젝트』, 새물결.

백기락(2004), 『석세스 플래닝』, 한스 미디어.

버트런드 러셀(2005), 송은경 옮김, 『게으름에 대한 찬양』, 사회평론.

베르너 좀바르트(1997), 이상률 옮김, 『사치와 자본주의』, 문예출판사.

벤저민 프랭클린(1994), 장명혜 옮김, 『가난한 리처드의 달력』, 동천사.

벤저민 프랭클린(2003), 이혜경 옮김, 『부자가 되는 길』, 청년정신.

벤저민 프랭클린(2005), 최종률 옮김, 『프랭클린, 위대한 생애』, 지훈.

볼프강 F. 하우크(1991), 김문환 옮김, 『상품 미학 비판』, 이론과 실천사.

브라이언 터너(2004), 최우영 옮김, 『막스 베버 근대성과 탈근대성의 역사사회학』, 백산서당.

블레인 매코믹(2002), 안종설 옮김, 『벤저민 프랭클린의 12가지 성공 경영 원칙』,

이지북.

빌헬름 딜타이(2002), 이한우 옮김, 『체험 표현 이해』, 책세상.

서성록(2001), 『렘브란트의 성서 그림 이야기』, 재원.

소피 킨셀라(2005), 노은정 옮김, 『쇼퍼홀릭, 레베카 쇼핑의 유혹에 빠지다』, 황금
부엉이.

스노(2001), 오영환 옮김, 『두 문화, 과학과 인문학의 조화로운 만남을 위하여』, 사
이언스북스.

스탠리 파커(2005), 이연택·민창기 옮김, 『현대 사회와 여가』, 일신사.

스티븐 오즈맹(2004), 박은구 옮김, 『프로테스탄티즘』, 혜안.

스티븐 코비(2003), 김경섭 옮김, 『성공하는 사람의 7가지 습관』, 김영사.

신귀현(1993), '서구의 전통 사회와 인문학', 경상대 인문학연구소 편, 『새로운 인
문학을 위하여』, 백의.

안드레아 가보(2006), 심현식 옮김, 『자본주의 철학자들』, 황금가지.

알 지니(2007), 공보경 옮김, 『일이란 무엇인가』, 들녘.

앤서니 기든스(1981), 이종수 옮김, '막스 베버의 자본주의 이론', 『막스 베버의 학
문과 사상』, 한길사.

오귀스트 콩트(2001), 김점석 옮김, 『실증주의 서설』, 한길사.

올리비에 크리스텔(2001), 채계병 옮김, 『종교개혁, 루터와 칼뱅, 프로테스탄트의
탄생』, 시공사.

월터 아이작슨(2006), 윤미나 옮김, 『인생의 발견』, 21세기북스.

윤지환(2002), 『여가의 이해』, 일신사.

이매뉴얼 월러스틴(1996), 이수훈 옮김, 『사회과학의 개방』, 당대.

이문영(2001), 『인간 종교 국가, 미국행정, 청교도 정신 그리고 마르틴 루터의 95개
조』, 나남.

이성덕(2006), 『종교개혁 이야기』, 살림.

장 보드리야르(1991), 이상률 옮김, 『소비의 사회』, 문예출판사.

장희정(2007), '자기계발의 시대 – 프랭클린 플래너 유저들의 모임을 중심으로', 서
강대학교 사회학과 석사 학위 논문.

전성우(1996), 『막스 베버의 역사사회학 연구』, 사회비평사.

정병훈(1993), "인문학과 자연과학, 두 개의 문화인가?", 경상대 인문학연구소 편,
『새로운 인문학을 위하여』, 백의.

제임스 파커(1994), 박영호 옮김, 『청교도 사상』, 기독교문서선교회.

조안 B. 시울라(2005), 안재진 옮김, 『일의 발견』, 다우.

존 몰리뉴(2003), 정병선 옮김, 『렘브란트와 혁명』, 책갈피.

진형준(2003), 『성상 파괴주의와 성상 옹호주의』, 살림.

칼 폴라니(1991), 박현수 옮김, 『거대한 변환』, 민음사.

칼 하인츠 가이슬러(2002), 박계수 옮김, 『시간』, 석필.

패트릭 콜린슨(2005), 이종인 옮김, 『종교개혁』, 을유문화사.

폴 라파그르(1997), 조형준 옮김, 『게으를 수 있는 권리』, 새물결.

폴 망투(1987), 정윤형·김종철 옮김, 『산업혁명사』, 창작사.

프랜시스 베이컨(2001), 진석용 옮김, 『신기관』, 한길사.

프랭크 파킨(1985), 양승태 옮김, 『막스 베버』, 학문과 사상사.

프레더릭 W. 테일러(1994), 박진우 옮김, 『과학적 관리의 원칙』. 박영사,

프리드리히 텐부룩(1990), 차성환 옮김, 『막스 베버의 사회과학 방법론』, 문학과지
    성사.

필립 샤프(2004), 박경수 옮김, 『스위스 종교개혁』, 크리스챤 다이제스트.

필립 아리에스·조르주 뒤비(2002), 주명철·태정호 옮김, 『사생활의 역사』, 새물결.

하인리히 리케르트(2004), 이상엽 옮김, 『문화과학과 자연과학』, 책세상.

한국성과향상센터(2005), 『수첩이 인생을 바꾼다』, 김영사.

한나 아렌트(1996), 이진우·태정호 옮김, 『인간의 조건』, 한길사.

헤르베르트 마르쿠제(1982), 최현·이근영 옮김, 『미학과 문화』, 범우사.

헨리 미터(1976), 박윤선·김진홍 옮김, 『칼빈주의』, 한국개혁주의신행협회.

헬무트 슈나이더(1982), 한정숙 옮김, 『노동의 역사』, 한길사.

H. 거스·찰스 W. 밀스(1981), 이종수 옮김, '막스 베버의 생애와 업적', 『막스 베버
    의 학문과 사상』, 한길사.

Gorz. A.(1989), *Kritik der ökonomischen Vernunft*, Rotbuch.

Gorz. A.(1990), The New Agenda, *in New Left Review*, no. 184.

Guttandin. F.(1998), *Einführung in die protestantische Ethik Max Webers*,
    Westdeutscher Verlag.

Heelas. P.(2002), "Work ethics, soft capitalism and the turn to life", in P. du
    Gay and M. Pryke (ed.), *Cultural Economy*, Sage.

Hochschild. Arlie Russell(1983),

The Managed Heart : *Commercialization of Human Feeling*, University of
    California Press.

Marcuse, H.(2004), "Über den affirmativen Charakter der Kultur." *Herbert
    Marcuse Schriften Band 3. Aufsätze aus der Zeitschrift für
    Sozialforschung 1934~1941*, zu Klampen.

Nigel. T.(1999), "Capitalism? Cultural Turn", Larry Ray and Andrew Sayer(ed.)
    Culture and Economy After the Cultural Turn, Sage.

Paul. du Gay(1996), *Consumption and Identity at work*, Sage.

Peukert. D. J.K.(1989), *Max Webers Diagnose der Moderne, Kleine Vandenhoeck-Reihe*.

Porter. R.(2003), The Cambridge of History of Science Vol. 4, Cambridge University Press.

Radkau. J.(2005), *Max Weber, Die Leidenschaft des Denkens*, Hanser.

Thomson. P. and Particia Findlay(1999), "Changing the People : Social Engineering in the Contemporary Workplace", in Larry Ray and Andrew Sayer(ed.) *Culture and Economy After the Cultural Turn*, Sage.

Weber. M.(1988), *Die protestantische Ethik und der Geist des Kapitalismus*, J. C. M, Mohr.

Weber. M.(1984), *Max Weber, Ein Lebensbild*, J.C.B, Mohr

http://www.eklc.co.kr/ (한국리더십센터 홈페이지)

주니어클래식 6

프로테스탄트 윤리와 자본주의 정신, 노동의 이유를 묻다

2008년 6월 27일 1판 1쇄
2019년 12월 31일 1판 8쇄

지은이 노명우

기획 이권우
편집 정은숙, 서상일
디자인 이혜연
제작 박흥기
마케팅 이병규, 양현범, 이장열
홍보 조민희, 강효원

인쇄 코리아피앤피
제책 경원문화사

펴낸이 강맑실
펴낸곳 (주)사계절출판사 | **등록** 제406-2003-034호
주소 (우)10881 경기도 파주시 회동길 252
전화 031)955-8588, 8558
전송 마케팅부 031)955-8595 편집부 031)955-8596
홈페이지 www.sakyejul.net | **전자우편** skj@sakyejul.com
블로그 skjmail.blog.me | **페이스북** facebook.com/sakyejul | **트위터** twitter.com/sakyejul

© 노명우 2008

© 이 서적 내에 사용된 Richard Hamilton의 작품은 SACK를 통해 DACS와 저작권 계약을 맺은 것입니다.

값은 뒤표지에 적혀 있습니다. 잘못 만든 책은 서점에서 바꾸어 드립니다.
사계절출판사는 성장의 의미를 생각합니다.
사계절출판사는 독자 여러분의 의견에 늘 귀기울이고 있습니다.
이 책은 저작권법에 따라 보호받는 저작물이므로 무단전재와 무단복제를 금합니다.

ISBN 978-89-5828-299-0 43300

이 도서의 국립중앙도서관 출판시도서목록(CIP)은 e-CIP 홈페이지(http://www.nl.go.kr/cip.php)에서 이용하실 수 있습니다.(CIP제어번호:2008001831)